JJとその時代

女のコは雑誌に何を夢見たのか

鈴木涼美

光文社新書

本書は、JJとその時代に敬意を表し、女の子を
JJの特徴的表記であった「女のコ」と記す。

序章——甘くて残酷な女性ファッション誌の夢

綺麗なおねえさんの必読書？

「私なんて全然ちゃんとしてなくて、真似しちゃダメなんですよ。大学生のとき、ホントにJJしか読んでなかったんで」

そう言ったのは、附属の女子高から慶應の文学部を出て、大手出版社に勤める20代の編集者だった。グッチのバッグを持ってそのハンドドルにいかにもエルメスって柄のスカーフを結んで、アンナ・モリナーリ[1]のワンピはそんなに私の好みじゃなかったけど、お財布はシャネル、髪は背中に垂らしたロング、耳にはパールのピアスをつけていた。

　中学生の私は、両親がしょっちゅう開いていたホームパーティーに来るおじさんたちから結構人気で、夜遅くまで大人たちのおしゃべりに交ざっていることがよくあった。小学生時代に愛読した「りぼん」[2]の漫画と、音楽番組に出てくる安室奈美恵《あむろなみえ》や華原朋美《かはらともみ》をごちゃ混ぜに参考にして、ヘソ出しTシャツなんて着て、でも中学生にできる真似はものすごく限られているので、ファッションは常にちぐはぐだった。どうにかイメージの中にいるイケてる女のコに近づこうと、眉毛を細くしたり、脚の毛を剃《そ》ってみたり、頭の中は常にそんなことでいっぱいだったので、母親がもう少し中身のある青春を送りなさいという顔をしていたのは覚えている。

　慶女卒の編集者が来ていたのはそんな我が家のホームパーティーで、その日はその綺麗で若くて優秀と評判の女性が、普段は私にも集まるおじさんたちの人気を独占していた。母は、「ほら、どうしたらこういうちゃんとした綺麗なおねえさんになれるか教えてもらったらいいわ」と彼女の前に私を突き出したが、そんな場面で彼女から返ってきた答えは母としてはやや期待とずれた、しかし私を妙に納得させるものだった。

図らずも私はそうやって、どうやらこういう魅力的な女性は若いとき、JJを小脇に抱えているものらしいということを学んだのであった。時は１９９７年、５００ページ近くある分厚いJJの表紙はテレビでも見かける梅宮《うめみや》アンナが飾っていた。私にとって女性ファッション誌が駅前の本屋でちらちら見るものから、服や化粧品を買うお金を削ってでも買うものに変わる直前のことである。

アンナ・モリナーリの服を着る予定はなかったが、母が言ったように私もぜひパーティーに来ていたような、女としての価値が高そうで、一人で街に立っていても男の車の助手席に座っていてもサマになりそうで、自分でも色々と好きなものは買えるし男にも買ってもらえそうな、そんなおねえさんになりたいと思った。そのような女性への道のりにJJという雑誌があることと、女には大学で人文書や科学書ではなく、JJを読んでこそ得られるべき賢さがあるのだということを学び、そうして私は、雑誌が示す価値がどういった形で世界に表出するのか、というのを漠然《ばくぜん》と知った。

翌年私は中学3年に上がり、いよいよあと一年で時代がもてはやす女子高生というアイコンになろうと、その下準備をする季節がやってきた。１０９、クラブ、援助交際、ラブホ、メッシュヘアにルーズソックス、そういった象徴的な記号が出揃って、９０年代の終わりをギャルたちが潔く飾ろうとしていた頃である。

その頃になるとそれまでなんとなく漫画雑誌や「プチセブン」[3]くらいしか読まなかった友人同士の溜まり場で、私自身やクラスメイトもそれぞれ、女性ファッション誌による棲み分けを始めていた。私が最初に買っていたのは創刊後間もなかった「Ｃａｗａｉｉ！」[4]と、「ｅｇｇ」[5]。同じルーズソックスを履き始めたけど、髪型が短め前髪のボブだった友人は「Ｚｉｐｐｅｒ」[6]と「Ｊｕｎｉｅ」[7]を読んでいて、ジル・スチュアートが好きな友人は「ＣＵＴｉＥ」[8]から「ＳＰＲｉＮＧ」[9]に移行した。違うクラスのよく知らない女のコが急に髪を染めてきて目立っていたりすると、「あの子ギャルなの?」「いや、たぶんキューティ系だよ、ヒスとか持ってる」と、雑誌の名前で人をカテゴリー分けして、仲間意識を持ったり、自分のいる囲いから除外したりしていた。

今思えば失礼な態度のように聞こえるが、それくらい当時の雑誌が示していた価値観というのは強烈で、個別の人間がそれぞれどんな人間かというようなことを棚上げにしてしまうほどの力を持っていた。私たちは何に重きを置き、何を可愛いと思うかによって雑誌を選んでいるようで、いつしか選んだ雑誌にそれらを規定してもらっていたような気がする。どの雑誌を小脇に抱えているかは、その人がどんな価値観で人生を泳ごうとしているのかを示唆《しさ》していた。ファッションに興味が芽生える思春期、私たちは自分が小脇に抱える雑誌を選ぶことで、その雑誌の示す生き方に勇んで入っていく。同じクラスにいる他の女のコたちと自分を心地よくアイデンティファイするのもまた雑誌だった。

自分が「Ｃａｗａｉｉ！」を読み、「ｅｇｇ」と「東京ストリートニュース！」[10]（以下、ストニュー）を読み、「Ｐｏｐｔｅｅｎ」[11]を買い出して、そのうち「ＶｉＶｉ」[12]も手にとっているうちに、14歳の頃に聞いた、綺麗なおねえさんの「JJしか読んでなかった」という言葉はより鮮やかに腑《ふ》に落ちた。あれはとても親切で情報量が多く、自分が何を信じて何に抵抗して生きてきたかを示す、堂々と誇らしげな自己紹介だった。

雑誌を身に纏《まと》った女のコたち

ネットメディアやＳＮＳ、スマホ文化の台頭による紙メディアの衰退が指摘されて久しい。実際に、かつてほぼ全ての女性がファッション・美容雑誌を膝に乗せていた美容院などに行ってみても半数以上がスマホを覗き込んでいるし、ネイルやヘアスタイルを注文するときに参考として見せられるのも、雑誌の切り抜きなどではなくスマホに保存した画像である場合がほとんどになった。ニュースや漫画や小説もスマホで読む人が爆発的に増え、通販サイトやオークションアプリが台頭し、電車の中でも紙に印字された文字を読んでいる人は少ない。

かつて女性ファッション誌の担っていた役割の一つである「流行や新商品を紹介し、着こなしや使い方を例示する」「おしゃれな人をロールモデルとして紹介する」といったカタログ的な要素は、もう雑誌の手には戻らないだろう。インスタグラムなどで人気のモデル風美女たちは毎日手軽にワードローブや愛用コスメを紹介するし、通販サイトは直接着こなし例を載せて商品を見せるし、それらの情報が国や地域に一切限定されることなく、無料で日々手のひらに舞い込む。その便利さとスピード感には、多くのスタッフを動員してロケやスタジオで撮影し、広告を集め、書店で販売される紙メディアは太刀打ちできない。

９０年代、雑誌を発売日に書店や駅のコンビニで購入し、キャンパス内や自宅でパラパラめくって、気になったものの載ったページを折って、どれを買おうか迷いながら何度もなぞるように読み、週末に友人と待ち合わせて百貨店やファッションビルで実物を試着して、思ったより気に入らなかったり、モデルと自分の顔が違いすぎてイメージしていたより全然似合わなかったり、迷っていたけど手に持ってみたら両方どうしても欲しくなってカードを限度額まで使い切ったり——そうやって1週間や1ヵ月かけて過ごしていた時間は、現在では誇張なしに15分もあれば一歩も動かず椅子に座ったまま完了できるのだ。それもワールドワイドに。これは当然、女性ファッション誌に限った現象ではなく、電車の荷物棚に置き去られた漫画雑誌やスポーツ新聞を見る機会はほとんどなくなり、満員電車で新聞を折りたたんで読むおじさんは減り、ゲームやパチンコなどの情報を雑誌で収集する人も今では珍しい。

さてしかし、これにてお役御免となるほど女性ファッション誌が担っていた役割はシンプルだったのだろうか、という思いは、かつて雑誌の発売日を把握して、教科書の代わりにバッグに忍ばせ、昼食代を浮かせて何冊も買っていた私たちの中にある。現在では私自身も雑誌のページをめくる時間よりスマホの画面に指を滑らせる時間の方が長くなり、その指先で、インスタグラムや海外通販サイトやニュースアプリのあらゆる情報にアクセスしているのだとしても。
シロガネーゼ、ガングロ、めちゃモテ、森ガールなど、雑誌が生み出した後に一般名詞として定着した言葉は多い。アンノン族、キューティ系、オリーブガール、エビちゃんＯＬなど、雑誌や雑誌の専属モデルの名前を冠し、文脈を共有する者同士ならパッと聞いただけでどんな女のコを指すのかイメージの湧く呼称もたくさんある。これらは女のコたちが、雑誌が提示した価値や生き方に、I agree と賛同し、自分のアイデンティティとして取り込み、そうすることで自分の生き方やライフスタイルを形成してきた証《あかし》に他ならない。

こういうファッションに価値を感じる女のコはＡという雑誌を読む、という側面は少なからずあるにせよ、それ以上に、Ａという雑誌を読む女のコはこういう価値を信じる、という構造と力がそこにある。まさに消費社会で雑誌ブランドの持つ記号的価値を自分の身に纏い、他の記号を纏う他人と差異を形成することで、「自分がどんな女であるか／どんな女になるか」を把握する。そのプロセスはまさに女のコたちが自分たち自身の価値を作り出し、自ら感じ取るために利用されてきた。

さらに俯瞰《ふかん》してみると、女性像そのもののイメージの変遷《へんせん》を語るにも、雑誌は欠くことのできない役割を持つ。戦後、外で働く夫に対し、現実的な家事や家計を担いながら家庭を切り盛りし、家族をサポートするというサラリーマン家庭の主婦像は長らく日本の象徴的な女性の生き方をイメージづけていた。そのイメージを具現化して提案し続けていたのが、「主婦の友[13]」（旧・主婦之友）」「婦人倶楽部[14]」などの雑誌だった。高度経済成長期に急増した、会社で働く若い独身の女性を呼ぶＯＬという言葉は、女性週刊誌「女性自身」が生み出し、定義した。それぞれ時代を代表する女性の生き方を捉え、その言葉で括《くく》られる対象だけでなく、女と聞いて思い浮かぶイメージそのものを作り上げたと言える。

　女子大生、女子高生という、単なる学生としての身分を示す言葉もまた、雑誌によってカラフルに色着けされてきた。一般の学生をモデルとして起用することで、時代のライブ感と読者の具体的な代表となる生き様を内にも外にもわかりやすく示したファッション誌の登場により、単なる「大学で学ぶ女性」「高校に通う女子」という以上の、時代のアイコンとしての女子大生や女子高生のイメージが作り上げられた。それらは長らく当事者以外の者が「女子大生」と聞いた時に頭の中にぼんやりと浮かび上がる女性の印象そのものであったし、当事者の女性たちにとっては、自分がまさにそのイメージの中にいる、あるいは自分は一般的にイメージされるそれらと一線を画す、といった形でアイデンティティの指標となっていた。

JJと女子大生

一時期、グラビアアイドルやお笑い芸人と並んでテレビ番組などで最も目にすることが多いタレントの属性として、鈴木奈々や藤田ニコルなどの元読者モデルがいた。読者モデルはJJが一般の女子大生やＯＬを誌面で取り上げ、彼女たちのファッションや愛用アイテムなどを紹介してから、一般の女子高生や10代の女性のみで誌面を成立させるギャル雑誌やストリート雑誌の登場を経て、小中学生からカリスマ主婦まで一気に幅が広がっていった。

「ニコプチ」[15]に登場する全身カラフルなおしゃれをした小学生にしても、「美ＳＴ」[16]に登場する美容家主婦にしても、現在の日本の小学生や働く主婦の一側面を知るのに有効な資料の一つになるのは間違いない。と同時に、もちろんそこに登場する小学生や主婦が、必ずしも日本の小学生や働くママの全体を表すわけでもなければ、多数派や平均値を捉えているわけですらない。ともすれば、「こんな人どこにいるんだよ」と現実とのギャップに辟易《へきえき》することもあるし、外国在住の人や他世代の人に大いなる誤解を与える原因になることもある。

かつて女子高生のギャルブームを牽引《けんいん》したｅｇｇは、歌手デビューしたＣＨＩＫＡ（ｄｐｓ）やその後人気モデルとなる押切《おしきり》もえなどのスターを輩出したものの、誌面に登場するのは普通に高校に通う女子高生のみで、当初は専属モデル契約などもせずに、時には彼女たち自身が使い捨てカメラで収めた日常風景のスナップでページを作っていた。そこにあるのは、もちろん、９０年代終わりに現実に日本の高校に通っていた生身の女子高生の姿である。教室や渋谷のセンター街で撮影された制服や私服でのスナップは実際に彼女たちの私物で成り立っていて、ブランドのプレスが提供したものでも、流行を作るスタイリストが選んだものでもない。

そして彼女たちは一様《いちよう》に似たようなメイク、似たようなファッションを身に纏っている。ほぼ１００％の女のコたちが制服姿ではラルフ・ローレンのカーディガンかセーターを着てスミスのルーズソックスとハルタのローファーを履いており、センター分けに近いストレートのロングヘアにはメッシュが入っていて、日焼けサロンに通って、目の下にはホワイトラインを入れて、ホワイトやカラーのダッフルコートが流行したら８割近くの女のコたちがそれらを身につけて誌面で微笑み、脱色した金髪が流行したら誌面は急に黄色くなった。ココルルのシャツが流行していたり、ロキシーのＴシャツが流行していたりした時期も一目でわかる。

にもかかわらず、現在は40歳前後となった、彼女たちと同じ時期に女子高生ライフを送っていた女性たちの中で、思い出の中の自分の姿と、今見返すｅｇｇの誌面の女子高生の姿がイメージとして一致する者は多くはない。８割以上の女のコが着ていたココルルのベルボトムも、Ｍ・Ａ・Ｃの黒人肌用ファンデのコンパクトも、ｅｇｇの美恵ちゃんが使って以来会社が大成長してビルまで建ったと言われたＢＳヘアスプレーも、持っていたのは一部の、東京近郊の高校に通う、ｅｇｇを購読していた女子高生だけだった、例えばちょっと個性的な着こなしが人気だったのあちゃんが「みんな着てるダッフルじゃなくてダウンにしたよ」と個性を打ち出しても、ｅｇｇの外を見ればカラーダッフルを着ている人の方が少数派だったわけで、女子高生と言ったって結構多様だったのだ。

とはいえ９０年代の女子高生として描写される女のコ像の多くが、ｅｇｇ誌面を彩っていた女のコをモデルにした姿なのは事実である。それくらい、雑誌が切り取って定義するイメージは現実を凌駕《りょうが》するほど強烈だったのだ。それは一部の女のコたちが現実以上に重要視するインスタグラムなどのＳＮＳの性格にいくらか類似するが、個人が好きなように現実を参照しながら架空の自分を作り出すそれらに対し、雑誌文化は現実の女のコたちと相互に参照しながら強固なイメージを持った集団を作り出す。そしてその特性は女のコたちの多くを寄る辺《べ》ない不安から守り、生きるのをいくらか楽にした。自分が何が好きでどんな価値観に身を委ねて生きるかなど、多くの年端《としは》もいかない女のコたちにとっては不透明でぼんやりとしたものなのだ。それでも、多くの選択肢がある時代に、女のコたちは自分が何に重きを置いて生きるのか、選んだふりをして日常をやり過ごさなければならない。雑誌はそこに具体的なイメージを付与し、似たような選択をする女性たちの集団に名前を与えることで、自分らがひとまずどんな価値観で生きているのか、それがどんなアイテムを伴ったファッションに変換されるのかをわかりやすく提供してくれるものだった。

一般の女のコたちをほとんど初めて誌面でフィーチャーしたJJに話を戻そう。ＯＬという語を生み出した女性自身の別冊として１９７５年に創刊された同誌が、一歩先んじて女性ファッション誌の代名詞だったａｎ・ａｎやｎｏｎ-ｎｏとまず初めから一線を画したのは、おしゃれで現実離れした海外モデルの着こなすモードの紹介ではなく、今の日本の女のコたちに実際に着られているファッションを、実際に着ている人とともに掲載した点にある。品の良いトラディショナルなスタイルの随所に高級ブランドをちりばめた「ニュートラ」な着こなしは、ショウウィンドウや雑誌グラビアの世界から一気に20歳前後の手もとに舞い降り、とてもリアルなものになった。

実際に、高額なブランド品を取り入れた「ニュートラ」を日々纏っていた女子大生がどれくらいいたのか、それは定かではないし、例えば１９７０年代後半の働く女性の平均年収は１６０万円程度。[17]キャバクラやパパ活など、手軽な高収入バイトが身近に転がっている時代とも言えず、よほど家庭環境が恵まれているか、彼氏がリッチでなければグッチやエルメスを何アイテムも買えるとは思えない。とはいえJJの誌面に幾たびも登場した「ニュートラ」さんはある種のティピカルを作り上げたわけで、たとえ誌面と同じ格好をするほど収入に恵まれなくとも、ある種の女子大生たちは自分たちの代表として、JJに登場する「一般」の「普通」の女子大生を捉えた。そして現実に同じキャンパスに女子大生がいたり、同じ会社の事務職に女性がいたりする男性たちも、そこに現実以上に具体的で強固な「女子大生」「ＯＬ」の姿を見たのである。

創刊からすでに45年余、幾たびかの再定義をしながら、JJが「女子大生」の一つの姿の変遷を形作ってきたのは間違いない。そして彼女たちの価値観を力強く誌面に貼りつけることで、「女子大生」の「女子大生」期間を切り取るだけでなく、彼女たちがその後の人生を生きる上での根幹となる思想を作り上げた。それはある意味では呪縛《じゅばく》のように「日本の女性」たちに取り憑《つ》き、先入観や誤解や思い込みや偏見を作ったが、また別の意味では彼女たちに、女の人生は生きるに値するものである、と活力を与えたに違いない。

男の視点と女の欲望

現在は「ＶＥＲＹ」「ＣａｎＣａｍ」[18]「美的」[19]、復刊した「ｅｇｇ」など、女性を編集長に据えるなどして、生身の女性の視点を積極的に取り入れた誌面作りをしている雑誌は多く、そういった姿勢は多くの女性の共感を集めている。せっかく女の心理の妙を体感として知る女性社員が数多くいる現在の出版社で、女性の「欲しい」や「なりたい」や「行きたい」が詰まった雑誌を作るのだから、合理的かつ必然的な流れだと思う。そしてカリスマ女性編集者たちは自らもミューズとなって、女性の憧れを集めていたり、代弁者的な役割を期待されて女性の「今」を語ったりもする。

そんな中、興味深いのはJJが創刊当時から、80万部近い発行部数を誇った全盛期を経てかなり後期になるまで、カリスマ的な男性編集長のもと、男性目線を外さずに、ふんだんに取り入れて作られてきたことだ。むしろ創刊から長らく男性編集者を中心に作られてきた雑誌でもある。例えばアダルトビデオや男性向け水着グラビアなど、男性が女性を眼差し、メディアで具現化する場合、それは幻想や非現実的な願望の投影が少なからず混入し、現実の女性たちの反発や軽蔑を受けるものにもなり得る。

JJの提示してみせた世界観や女子大生像もまた、男性の願望や欲望、時には妄想や夢を当然がごとく孕《はら》んでいる。そして、アダルトビデオに描かれる女性が女性の実態とかけ離れているように、JJの華やかな誌面と女子大生の今そこにある現実は乖離《かいり》することだってある。全盛期に表紙を何度も飾った梅宮アンナや梨花《りんか》などのモデルは日本人離れした長身細身の脚が長い小顔美人で、一般読者の愛用アイテムとして紹介されるのも、フェラガモやプラダなど高額なブランド品であった。

そして何より、登場する読者は、大学生から働く女性まで多様なようでいて、固有名詞や職業を細かく見ていると、「玉川学園女子短期大学」「慶應義塾大学」「甲南女子大学」「国際線ＣＡ」「家事手伝い」など、特定のワードが頻出《ひんしゅつ》する。細かく固有名詞が登場したかと思えば急に「ＯＬ」といった一般名詞で括られる例もある。明確な意図を持ってちりばめられた固有名詞は当然、社会の「全体」を意識すればカバー率は極めて低いものであって、時代の一部だけを巧妙に切り取ることで、幻想や願望を現実のように見せる巧妙さがそこにある。

そのように、ある意味で男性目線で女性のあり方を規定する構造はしかし、女性に忌み嫌われるよりも、むしろ歓迎され、熱狂的に支持され、勇んで同化していく対象として後生大事に掲げられた。

無論それは社会に残る男女の非対称的取り扱いや、収入や雇用の男女差、男性の庇護《ひご》の下《もと》でしか女性が安心して暮らせない社会構造、男性に見初められて結婚し家庭を守るようになることを求める社会規範などと無関係ではない、どころかものすごく色濃く関係はしている。トラッドを基本としたファッションに始まり、コンサバティブの枠を大きく外れることのない理想のスタイルを、男性編集長のカリスマ性のもとで一貫して提案し続けてきたJJが持っていた強いメッセージは、男性にとって魅力的な、選ばれる女になること、であったからだ。

その後、日本も亀のごとくゆっくりではあるものの社会規範が変化し、不完全ながらも男女平等が重視される時代となって、現在では、この男性目線の女性像を女性が追いかける構図を振り返り、否《いな》と拒絶する者もいるだろう。雑誌読者のＯＧとして、リッチな専業主婦が紹介されるページを、排除すべきプロパガンダと断罪する声もあるかもしれないし、そもそも履きづらい革のヒールパンプスや膝下のタイトなスカート、それ自体の重さだけで重量感のある高級バッグは、男性の好みによって押し付けられたものであると非難される対象に、実際になりつつある。

ただ、あえてその雑誌が規定してきた価値観に、力強くイエスと答えてきた女性たちの主体性に注目することもできるのではないか、と私は思う。男性にとって（都合の）いい女や高級（そう）に見える女が提示されたことに間違いないが、表紙の梅宮アンナを魅力的に思い、梨花の私物の買い物をチェックして真似した女性たちの選択を、単に社会的圧力や社会的に構築されてきた思い込みによって、本当に１００％「そう思わされていた」だけだと一蹴してしまうには、その憧れの気持ちはあまりにキラキラ眩《まばゆ》く、フィジカルで生々しいものであった気もするのだ。

実際、男性目線で提示された「女子大生」の品格や「女らしさ」というものは、女性にとって時に窮屈であっても、煌《きら》めいていたのだ。現に、いくら男性の視点から魅力的であったとしても、女性ファッション誌史上をなめるように見回しても、一部のカウンター的文化を除いて、女子が自らムッチリポッチャリの体型を支持したことなどほとんどないし、すっぴんの田舎臭さを支持したこともあまりない。煌めいていないものは女性の憧れになり得ない。

男性の大いなる願望や思い込みを混入させながら、ある時代の女性の生き方に関する社会規範を素直に聞き入れながら、JJはかつての女子大生が、「大学時代はそれしか読んでいなかった」と堂々と自己紹介できる価値を示してみせた。そして高級そうでモテそうなモデルを見た女性たちは、なるべくならこんな風に生きたいと無言の一票を入れた。そのことは語るに値すると私は思う。時代を悲観的に振り返るよりも、そんな指標の所在を見つめる方が、格段に魅力的な作業に思える。

そしてその上で、JJが月刊発行を休止するまで、どのような試行錯誤と変化を繰り返したのかにも注目する。実は、私も含めた全盛期のJJを手にした読者の預かり知らないところで、ここ数年のJJは劇的な変化を遂げていた。時代の要請に生真面目に応えるべくアップデートされた誌面は、２０００年前後の同誌を知る者からすれば驚くほど多様で現代風であった。なぜ、時代に合わせて進化したはずの雑誌がかつてのような求心力を持たなかったのだろうか。

あした雑誌がなくなったら

かつて雑誌が示した価値に女性たちが賛同し、自らの思想に存分に取り入れ、やがて自分のものとして内面化し、生き方を決定していた時代があった。その価値を示すための図柄やブランド名は、必ずしも女性が自分たちの手で最初から選び取ったものではなかった。しかしそれらは女性たちにとって、強烈に手に入れたいと願うほどの輝きを持っていた。

単なるノスタルジーに意味はないが、そうやって女性の生き方を規定するほどの力を持っていた雑誌が、単純なカタログや情報源としての存在に留まらないのは歴史的事実でもある。そしてそうなのだとしたら、今、ＩＴ化とネットワーク化によって岐路《きろ》に立つ雑誌文化が消えゆくようなことがあった場合に、私たちは何を失うことになるのか、という問いが当然浮かび上がる。それは数々の時代を彩った女性ファッション誌が休刊し、王座にいた雑誌が発行部数を10分の1以下に下げている現在、とても現実的な問いかけなのだ。

すでにカタログや情報源的な役割は他メディアが取って代わろうとしている。それでは、そういった性格を差し引いて、雑誌の持っていた役割はどこに代替されているのだろうか。

ギャル雑誌全盛期に10代を過ごした私自身、人を雑誌の名称に「系」や「派」をつけてレッテル貼りし、そうやって自分の選択を確認していた当事者でもある。ポップティーン派のワタシはキューティ系のカノジョとは別のものに憧れ、ノンノ系のアノコとは違う生き方を選択し、エッグ派のアイツとは時に似たものを愛しながら、細かく何を強調するかといった点で張り合った。少なくとも、そう信じていた。

欧米化が進み、ブランド離れが顕著となった今を生きる10代の女性たちは、雑誌で一括りにされていた私たちより随分と洗練され、成熟していると思う。インスタに上げる自分の姿をそれぞれがプロデュースしている彼女たちは、雑誌の価値観に沿って磨かれなければ読者モデルにはなれなかった私たちよりも、幾分自由なのかもしれない。男性に気に入られることから、高級そうに見えることから、良い妻になる女ですとアピールすることから自由になったのだとしたら、女性の生き方は歪《いびつ》ながらも前に進んだと考えるべきだろう。

それでも、手のひらに乗せられた小さな電子機器の中に生きづらさを伝える言葉が溢れる時代に、インスタに上げる自分の姿に自分自身が息苦しさを感じるような時代に、一般の女性が他者からの評価を直接的に受け取らねばならない時代に、雑誌の力を振り返る作業は何かしら気の晴れるものになるのではないか。かつて女性たちの苦労をいくらか楽しいものに変えてくれた、暗い夜道みたいな人生で不安を少し和《やわ》らげてくれた、くさくさした現実を極彩色《ごくさいしき》の夢で色着けてくれたそれは、過去の遺物としてその内容や読まれた背景を含めて忘却してしまうにはあまりに眩い。

雑誌は甘えでもある。自ら主体性を持って一から全て選択し、作り上げなくてはならないアイデンティティや生き方を、ひとまず棚上げにして規定してくれるのだ。その甘い一言に誘惑されず、強くあれというメッセージはわからないでもないが、私は女性全員を、全てに正しく行動できて、どんなことにも弱音を吐かない、強靭《きょうじん》な精神と強固な意志を持って生まれた強い存在だとは思っていない。拠《よ》り所になるロールモデルやアドバイスが必要な夜は必ず訪れる。

雑誌は残酷でもある。でこぼこした個性を乱暴に一括りにして、漠然《ばくぜん》とした、しかしなかなか消えないイメージを内にも外にも植え付け、本当のジブンはこんな姿じゃないのに、という場所に強引に押し込まれることだってあるし、信じるべき規範を、有無を言わさず押し付けられることもある。それは個を殺す行為だと思えるかもしれないが、私は女性たちを、押し付けられたら押し付けられたままに、押し込まれたら押し込まれたままに、どんなことにも逆らわず、時代の被害者として一生を終える弱いものだとは思っていない。目の前に差し出されたものを受け入れながら自分の愛せる形に変えて、時が来ればその場所から逃げ出すことができると信じている。

　男性に好まれる女性の姿を意識し続けた雑誌が、なぜ自信と誇りに溢れた女性たちの笑顔に彩られているのか。それが多くの人を魅了したのはどうしてなのか。それがあることによって、私たちは何から救われたのか。甘美だが残酷で、楽しくも儚《はかな》いその時代は、私たちにとって何の時代であったのか。そしてそれはなぜ変わってしまったのか。全盛期だった９０年代のJJの、カレが欲しい人向け着こなし特集の脇にある、「男の人たちはこう考える」という小さな記事を見ながら、問いは絶えず私の頭の中に浮かぶ。

1・イタリアのファッションブランド。ラグジュアリーブランド「ブルマリン」のデザイナーであるアンナ・モリナーリが自身の名を冠してスタート。より華やかで女性らしいテイストで展開している。

2・集英社が発行する小中学生向けの少女漫画雑誌。創刊は１９５５年。さくらももこ『ちびまる子ちゃん』や矢沢あい『天使なんかじゃない』など、長く親しまれる漫画が多く連載されてきた。

3・小学館から１９７８年から２００２年まで隔週発行されていた10代向け少女ファッション誌。高校生に比べて雑誌チョイスの少ない中学生がジャンルを問わず愛読した。若き日の神田うのや田中美保も誌面を飾ったことがある。

4・主婦の友社のギャル系ファッション誌。１９９６年に創刊し、２００９年に休刊。一般の女子高生をモデルとして起用した。

5・１９９５年にミリオン出版から創刊したギャル雑誌。９０年代当時はプロのスタイリストがモデルをスタイリングすることはほとんどなく、女子高生たちが制服姿や私服姿のまま誌面に登場した。女子高生が使い捨てカメラで撮影した写真だけで作るページなどもあり、女子高生の女子高生による女子高生のための雑誌としてギャル系女子高生たちに伝説的な人気を博した。２０１４年には一旦休刊となるが、惜しむ声は多く、２０１８年にウェブ版、２０１９年には復刊号として復活している。

6・祥伝社が１９９３年から２０１７年まで発行し、個性派高校生に人気だったファッション誌。矢沢あいの漫画『Ｐａｒａｄｉｓｅ Ｋｉｓｓ』が連載されていたり、元ＪＵＤＹ ＡＮＤ ＭＡＲＹのＹＵＫＩが表紙を飾ったりするなど、おしゃれ好きな女子たちのツボを押さえた誌面構成だった。

7・鎌倉書房から発行されていた雑誌「ドレスメーキング」のジュニア版としてスタート、後に扶桑社が引き継いだ。尖ったスタイルのファッション誌。２００５年に休刊。

8・宝島社から刊行されていた、原宿系・個性派の10代女性向けファッション誌の筆頭。１９８９創刊、２０１５年に休刊した。岡崎京子や安野モヨコがヒット漫画を連載していたことでも知られる。古着や裏原系ストリートブランドを取り入れ、髪型もエッジの効いたモデルが多く、人と同じは嫌、といった志向の高校生たちから絶大な支持を得た。

9・宝島社発行の、「ＣＵＴｉＥ」より少し年上向けのファッション誌。「ＣＵＴｉＥ」で育てた自尊心をそのまま持って大人になった人向け。

10・学習研究社が１９９５年から２００２年の女子高生ブームの折に刊行していた、普通の高校生の生活や趣味、ファッションなどを幅広く扱う雑誌。当時の雑誌にしては珍しく、男女問わず高校生をターゲットにしており、高校時代の忍成修吾や妻夫木聡が読者モデルとして誌面に登場したことでも知られる。ギャル系、Ｂ系、個性派など比較的ジャンル横断的に色々なタイプの高校生を登場させたことも特徴的だが、読モは全体的に顔面偏差値が高く、ファッションに興味があり、派手目なコたちではあった。

11・角川春樹事務所発行の10代女性向けファッション誌。ｅｇｇと並んでギャル系女子高生のバイブル的存在だった。ｅｇｇに比べると若干上品さがあり、性的な話題などは控えめで、スタイリストによるファッションのスタイリングも取り入れられていた。そのせいか、ギャルブームが過ぎ去った後にも休刊などせずに現在まで生き残っている。

12・１９８３年創刊の講談社の女性ファッション誌。４大赤文字系雑誌のうちの一つだが、２０００年代前半からテイストを大人ギャル系に舵を切った。浜崎あゆみの「ＡＹＵのデジデジ日記」などが連載されていたことからも、派手目な10代の支持が多かった。藤井リナなどミックス系モデルの登場が多く、海外セレブ風の志向が強い。JJ、ＣａｎＣａｍなどかつてトップを極めた雑誌が苦戦しだす２０１０年には、赤文字系では最高の売り上げを誇った。

13・１９１７年創刊の主婦の友社の女性誌。それまで主流だったインテリ女性向けの雑誌とは一線を画し、中流層以下の大衆的な主婦を読者層に想定し、小学校卒業程度の学力で理解できる内容を編集方針としていた。戦後は皇族のグラフが非常に多かったことも特徴で、当時の皇太子とご成婚後の美智子さまに憧れる主婦たちを量産した。

14・講談社が１９２０年から１９８８年まで刊行していた主婦向け雑誌で、「主婦之友」「婦人公論」「婦人画報」と並ぶ戦前の代表的な婦人誌とされる。

15・新潮社が２００６年に創刊した女子小学生向けファッション誌。中学生を中心に人気だった「ｎｉｃｏｌａ」の、さらに下の年齢層をターゲットに据えた。まだ衣類を人に買ってもらう段階の少女たちのおしゃれへの欲望を発見した。

16・光文社が「JJ」「ＣＬＡＳＳＹ．」「ＶＥＲＹ」に続く40代向けファッション誌として創刊した「ＳＴＯＲＹ」の美容部門を切り出した姉妹誌。２００９年創刊。いわゆる美魔女ブームの火付け役。

17・国税庁民間給与実態調査を参照。

18・１９８２年に小学館より創刊した、後にJJなどと並んで「赤文字系」と呼ばれる女性ファッション誌。高級ブランドの大人っぽいファッションからやや路線を変更した後、２０００年代半ばにブームとなり、パステルカラーなどを取り入れた「エビちゃんＯＬ」を世の中に大量に輩出した。その雑誌の重さとは裏腹に、軽やかで誰にも不快感を与えない着こなしの片鱗は今でも女性局アナのファッションなどに残っている。

19・小学館が発行する美容雑誌。２００１年創刊。ＶｏＣＥ、ＭＡＱＵＩＡと並ぶ代表的な美容誌だが、他誌に比べて働く女性を意識した落ち着いたメイクや美容の紹介が多いため、年齢を若い女性に限定せず幅広い読者層を持つ。

JJとその時代／目次

本文デザイン・大橋マホ（GOOD FLOW）

第1章 ◆ JJの時代

アンナと梨花

９０年代最後の年、JJは梅宮アンナと梨花がお揃いの前髪に白い衣装で並ぶ表紙で幕を開けた（Ⓐ）。当時の二人は折につけ表紙を飾り、別格の人気を誇っていた。二人が並んで微笑みかける表紙はまさにJJ的９０年代の集大成。その姿は多くの女性が文字通り追いかける理想だった。創刊当初の白人系モデルの表紙を除くと、特例的な映画スターやアイドルの場合を除いて、JJの表紙はその時代の雑誌を背負うアイコン的なトップモデルが独占的に担ってきた時期が長いが、その中でも、最も発行部数の多かった９０年代に活躍した二人の印象は強い。

モデルとして圧倒的な人気を誇っていた二人には雑誌の外で見せる別の顔もあり、アンナはセレブリティ・ファミリーの一員として、またダメ男と付き合う様子をワイドショーに惜しげもなく提供していたリアリティ・タレントとしても高い知名度を誇っていたし、梨花はその後、バラエティ番組などで外見とギャップのある突っ込まれ役として大活躍する。当時の平均的な日本人女性の姿とは一線を画すほどのスタイルを持つ彼女たちは、その美しさからは想像もできない親しみやすさを併せ持つことでお茶の間でも人気者となる。ＶＯＧＵＥやコレクションのショーでしか見ない世界のスーパーモデルに比べ、私たちのいる地平との距離が圧倒的に近い。

ただし、JJの中にいる彼女たちはあくまでもパーフェクトな顔とスタイル、真似したくなるセンスとゴージャスなブランドで着飾ったハレの姿であって、「真似できそう」「親近感がある」「多様なニーズに応える」とは、良くも悪くも言い難い。実際、公称の身長自体は１６８cmと１６５cmで、近年の日本人女性モデルの中では決して現実離れした高

Ⓐ「JJ」1999年1月号

身長というわけでもないが、顔の小ささや脚の長さは街の女性たちの平均的なそれとは大きくかけ離れていて、着こなしを簡単に真似したり目標にしたりはできない。プラスサイズ・モデルや多様な人種のモデルがごく当たり前に活躍する現在と比べれば、理想体型の彼女たちのスタイルは、やや単調ですらある。

　ちなみに同じ雑誌で読者モデルとして登場する女性たちが私物として持っていたのも、グッチやプラダなどの手帳や財布だった。同じ1月号でフィーチャーされているのは、プラダ、ミュウミュウ、カルティエ、ルイ・ヴィトンなどで、コピーにも、「ＯＬの市場はこんなに華やか！」と豪華な文字が並ぶ。書くまでもなく、１９９９年と言えばバブルはすでに8年前に崩壊し、日本が長期にわたる景気低迷に突入していた時期である。９０年代の女性の平均的な体型、平均的な収入、平均的な生活水準など、どの側面から見ても、目の前に提示される現実と、雑誌が提案するファッションやライフスタイルが一致していたわけではない。

　それでも、９０年代の黄金期、JJは80万部に迫る発行部数を誇っており、アンナや梨花は紛れもなくファッション・リーダーで、彼女たちがJJの誌面で着た服はすぐに店頭からなくなるほどの人気を博した。その熱狂が、単なるヴィジュアル誌としてグラビアの美しさやブランドの提案するデザインの斬新さによって支えられていたとは考えにくい。欧米発の女性誌のような、ヴィジュアル優先のページはむしろ少なく、誌面コピーにも「真似したい」「売れまくり」「みんな大好き」など、あくまで日常と地続きにある提案型のものが多いし、大学生やOLなど「ごく一般的な」女性が多く登場する誌面作りもJJの特徴の一つだ。

特集の多くは、アンナや梨花といったトップ・モデルが着こなすテーマのカラーやトレンドに続くページに、少しトーンを落とした同じテーマの着こなしやアイテムが、実際の読者代表たちが取り入れる形で紹介される。つまり、誌面が提供するのは、理想形であるアンナや梨花と自分の現実を繋ぐもの、その方向性、方法の全てであった。そのメソドロジー（方法論）こそがJJを単純なヴィジュアル誌や夢だけを提供するポスターと差別化する要素の一つであり、雑誌が美しいもの、思想的なものではなく、必要不可欠なものとして認識されていた理由でもある。

現代版のプリンセス

ではそのメソドロジーを支える精神は何だったのか。

アンナと梨花が並んで写った表紙と同じ1999年1月号では二人の他に、全8ページと大きくページを割いて紹介されている女性がいる。彼女の名前はキャロリン・ベセット＝ケネディ。当時、米国女性の憧れの男性ともてはやされたセレブリティであるＪＦＫ Ｊｒ．、つまり元大統領Ｊ・Ｆ・ケネディとジャクリーンとの息子の結婚相手である。記事では、「アメリカでも有数の資産家、王族のいないアメリカで『最も王族に近い』と言われる一族に生まれた彼」と紹介されるＪＦＫ Ｊｒ．と、「資産家の娘ではなく、ごく一般的な家庭で育った」カルバン・クラインのプレスとして働いていたキャロリンの結婚が、現代版シンデレラ・ストーリーとして特集される。

ただの物語や人物紹介が特集の本丸ではない。彼らの出会いや生活の物語に続き、大きく紹介されるのは、キャロリンの愛用するエルメスのバーキン、当時日本にはまだ支店がなかったマノロ・ブラニク[1]のピンヒール。それも、各所に現れる彼女のスタイルとブランドの紹介だけなく、同モデルや別の日本ブランドの類似モデルをそれぞれ値段付きで掲載し、誰もがキャロリンを参考に真似できる作りになっている。彼らがニューヨークで暮らす地域トライベッカや愛用食料品店、よく行くダイナーなどの写真もあるが、主役はあくまでキャロリンのスタイルとそれを真似するために必要なアイテムで、このように夢と現実を接続する形の誌面作りは、まさにJJが大ベストセラー雑誌となっていた鍵と言えるものだった。

キャロリンは当時JJが提案し続けていた価値観から眼差した際に、極めて多面的に優れている。生まれ落ちたのは夢の国ではなく一般的な家庭であること、現代女性としてきちんと誇れるキャリアがあること、誰もが憧れる男性とカップルになったこと、ファッションがお手本になること、おしゃれな生活を送っていること、などなど。花嫁修業をしていればいい時代ではない、結婚したら家庭に入って「奥さん」として奥に控えている時代でもない、女性にとっても教育やキャリアが必要、しかしその現実をさらに引き上げてくれる理想の男性と出会いたい、結婚によって現実的な収入や自分のキャリア以上の生活にアップグレードしたい――。

自分自身にそれだけで価値があり、田舎臭くもダサくもなく、自立して仕事を持ち、高等教育も受けていることと、理想の男性との出会いが最終目標であること、という二面性は、JJが確立してきた女の生き方モデルとしてごく自然に女性たちに受け入れられてきた。その二つが別のところで育《はぐく》まれるのではなく、前者が後者に繋がる条件となるのだという精神性を確信として信じ込ませる魔法こそが、JJの力だった。まさにシンデレラの魔女がかける魔法を紐解き、結婚による階層上昇を単なるおとぎ話の中に閉じ込めずに、自分で魔法をかけられるのだというメッセージは、あらゆる面で女性たちの熱狂を支えた。

理想的な結婚の前に、自分自身が「ブランド品」である必要性を訴え、そのブランド品のお手本に、アンナや梨花というJJが提案するトップ・ミューズが据え置かれる。そしてこの姿になることは、単純に写真映えがいいとか鏡に映る姿が美しいとか、女性として自信があるという漠然とした気分だけでなく、より高いレベルの男性と出会い、選ばれるという物語に繋がっていると信じられた。だからこそ誌面が提供する理想形へ進化していくためのメソドロジーは、具体的に必要なものとなった。夢と現実は雑誌によって接続される。

結婚や理想的な男性との出会いによる生活水準の劇的な上昇が最終目標にあれば、本来自分のお給料で購入するには高額すぎる時計やバッグの情報は、「一生いらない情報」にはならない。モデルだけがつけている「目に美味しいもの」に留まることもない。ＪＦＫＪｒ．に見初められれば、それらを日々身につけることができる。そういう意味では、ハイクラスの男性に出会うことで非現実的に思えるブランド品も手に入る、ハイクラスの男性に出会うために背伸びした高級品を買う、は双方の側面から、誌面にある超高額のハイブランドに必然性を与えていたのだ。アンナや梨花を目指すことは理想の男性に出会うために必要なこと、理想の男性に出会うことはアンナや梨花の生活を手に入れること、でもあった。その夢は複雑に相互参照的でありながら、メッセージとしてははっきりと女性たちに刻まれた。

ニュートラの血脈

全盛期のJJに対する外的なイメージというのはあまりブレない。JJを読んでいる子、というのが、生き方哲学の解説そのものとして機能するような一貫性があった。その、読んでいる者を取り込んで体現していたあり方の一つが、「迷い」「疑問」のなさでもある。

１９７５年の創刊から８０年代に入るまで、JJが表紙や誌面で注目し続けたのが、当時の一部の学生たちの中にあったスタイルである「ニュートラ」だった。その後、トレンドとして高頻度で紹介されるスタイルは、フリースタイル、ナチュラルトラッド、カジュアル・リッチ、神戸エレガンス、可愛ゴー、ガーリー、カジュアルなど細分化しながら変遷を辿るが、少なくとも２０００年代前半までは、その「ニュートラ」推進としての生い立ちが、アイデンティティとして保持されていたように見える。

１９８９年６月号の、創刊15周年を記念して作られた付録では、JJの歩みを紹介するとともに、「ニュートラ」の定義を、デザイナーがリードするハイファッションとは別の流れで「ごく普通の家庭に育ったお嬢さんたち」が、「お母様やおしゃれな先輩たちをお手本に」「オーソドックス・アイテムを、奇をてらわずに上品に着こなす」ものであると改めて記している。その上で、そのスピリットは現在提案しているスタイルに連綿《れんめん》と続くものだと確認する。

その宣言の直後に始まる９０年代、誌面には「モード」やアンナや梨花らのトップモデルを中心としたより洗練されたファッション・スタイルが確立されていくが、そのスピリットが色濃く継承されていたことで、方針には一貫性があり続けた。２００３年発行の

『結婚の条件』[2]で小倉千加子《おぐらちかこ》は、女性の志向を考える上で「あなたは『ｎｏｎ-ｎｏ』派それとも『ＪＪ』派？」と聞いてみればよいと書いている。その上でJJ派を、「結婚で階層上昇を狙う女性偏差値重視派」「『女』として生きる覚悟が自然にできている」者だと解説する。

女であることに疑問を抱かず、女としての側面を強調した生き方に迷いがない。そのはっきりとした外的イメージを作っていたのが、おそらく受け継がれ続けたニュートラの流れと多面的なブランド志向だ。

前衛的であったり、個性的であったりすることを提案する「ａｎ・ａｎ」「ｎｏｎ-ｎｏ」に代表されるような、同時代創刊のファッション誌群の路線をとらず、「お嬢さんたち」が「奇をてらわず上品に」着こなすスタイルを根幹に持つJJは、全盛期の９０年代を通して、ハイブランドのコレクションを見るのとは全く違う、ある意味ではより現実的な体験を提供したが、それが庶民的であったことはない。奇抜さから離れ、しかし庶民派と一線を画すために用意されたのが、小物やファッションアイテムなどに顕著なブランド志向と、読者モデルに代表される誌面に登場する女性の階層性だった。

著書『ブランドビジネス』[3]のなかで三田村蕗子《みたむらふきこ》は、１９６０年代から７０年代に、社会人を中心に巻き起こった日本における第一次ブランド・ブームを、大学生や若いＯＬに普及させたのがJJだったと指摘している。経済面での発展と貿易や海外渡航の自由化などが後押しし、バブル経済下の日本は世界のハイブランドに夢中になっていた。しかしバブル崩壊とともに高級店などは徐々に苦境に立たされる。それを若い女性たちの場所まで降ろしてみせたのが８０年代のJJだとしたら、９０年代黄金期のJJは、むしろ景気の低迷によって購買力の衰えた大人たちから、ブランド消費の主役の座を完全に若い女性たちにすげ替えた。

　実際、誌面は数多くのハイブランド特集で埋め尽くされていた。例えば梅宮アンナが表紙の１９９５年10月号は、「モードな秋」特集号と銘打たれるが、巻頭のブランド・ウォッチ特集に続いて、前半だけで、ヴェルサーチのファッションアイテム、エルメスのスカーフ、フェンディのグローブの特集にそれぞれページが割かれている。高価なブランドばかり並ぶが、紹介されるのが季節コレクションのドレスやスーツではなく、百貨店で購入できる小物であることが一つの現実的な要素でもある。普通のお嬢さんの奇をてらわないファッションが、庶民の普通の服と翻訳されないカラクリは、一つには取り入れやすい小物で、誰もが唸《うな》る高級ブランドを身につけることだった。

奇抜で前衛的なファッションと違って、好感度を重視した比較的誰でも取り入れやすいニュートラの流れは、常に「ダサい」や「田舎臭い」、「無難でつまらない」や「大衆的すぎる」ものと、自分らを差別化することを求められる。斬新さを求めず、それより社会や男性にあえて迎合しようという女性であっても、ダサい庶民だとは思われたくない。前衛的であることがおしゃれという価値観がある一方で、モテたいけれどもつまらない大衆ではありたくないという女性たちの微妙で繊細な細い道を拡張していたのが、これらのブランド品だったと言える。

洗練されたモードを愛するおしゃれな人から見れば、ニュートラルな服にハイブランドのバッグを持つだけでおしゃれの魔法がかかるわけがないと思われるようなカラクリでも、JJの中にある大きなイデオロギーはその虚構を信じるに堪《た》えるものに仕立て上げた。登場するブランド名は、彼女たちが漠然と目指す素敵な男性との出会いと、その後に約束されるハイグレードな生活を彩るものと同じで、同時にそれらの一部を「さりげなく」「上品に」持つことで、ダサくも奇抜にもならずに選ばれる資格のあるいい女に近づけるものでもある。そして当然、そうしたブランド品を手に入れられること自体が一つの階層を象徴する。持つことが彼女たちの階層の証明ともなる機能を、エルメスやフェンデイは持っていたのである。

読者は素敵な大学名とともに

JJには、アンナや梨花ら代表的なアイコンモデル、実用的な着こなしを紹介する専属モデルたちの他に、大学生や企業勤めの一般女性が数多く登場する。トレンドのテーマカラーを自己流に着こなす姿を披露したり、愛用の私物を紹介したりするなど、代表的な読者でありながら、誌面で提案し続ける存在でもある。この「読者モデル」という素人の採用は、８０年代の「Ｏｌｉｖｅ」が先駆けだと言われ、女子高生雑誌を中心に読者モデルのみで構成するスタイルも流行した。現在では、読者モデルとしてメディアに登場した女性たちが、テレビタレントや実業家としてその後も名を馳せたりする。しかし、彼女たちが発信するものにスポットライトを当てるその後の読者モデルの考え方とはまた少し違い、JJはそもそも、特定の読者層との相互参照的な関係から誕生した。

そもそもJJが創刊号から押し出し続けた「ニュートラ」という言葉の初出は、１９７４年のａｎ・ａｎだとされる。神戸を中心に女子大生たちの間で内発的に生まれた、ブランド品を取り入れたファッションがそう呼ばれた。斬新なデザイナーやスタイリストが提案する次なる流行ではなく、そのすでにあったある種のムーブメントを吸収する形でJJの「お嬢さん」が普通に着るファッションというアイデンティティが出来上がったことからも、読者層との参照関係は窺《うかが》える。それを『女性雑誌とファッションの歴史社会学』[4]の著者坂本《さかもと》佳《か》鶴《づ》恵《え》は「読者層とした女子大学生やＯＬの一部で流行しているファッションを雑誌が取り上げて、全国的に広めていくという、新しいファッションの形成、紹介の仕方を成功させた」と指摘している。

JJの誌面にも、名前が全国区で知られ、その後の活躍も注目されるような読者モデルは登場した。「淳ちゃん玲ちゃん」の名前で親しまれ２０００年５月号〜２００１年８月号まで連載を持っていた小《お》川《がわ》淳《じゅん》子《こ》、平山《ひらやま》玲《れい》は代表的な例で、ニュートラ発祥の地とも言える神戸の女子大生だった彼女たちは、JJの理想とする読者層でもあった。

彼女たちほど名前を知られるわけではなくとも、黄金期のJJ誌面には女子大生やＯＬの姿が長く掲載されてきた。特徴的なのは、高いファッション感度や美貌だけでなく、氏名とともに大学名や職業が記されていること、そしてその固有名詞に顕著な偏りがあることだ。単なる年齢や学生の身分ではなく、個別の大学にそれぞれ着目するスタイルは、JJ

が築き上げ、その後は他の雑誌でも踏襲《とうしゅう》されることになったものである。

あえて大学名を併記することは、第一に高卒のファッションとの差別化の目的があった。前出の『女性雑誌とファッションの歴史社会学』の中で、１９９０年から２０００年、JJの３代目編集長を務めた牛木正樹《うしきまさき》のこのような言葉が語られる。「僕はやっぱり『ｎｏｎ－ｎｏ』は典型的な高卒文化の雑誌だって思ってます。だから『ｎｏｎ－ｎｏ』とかと比べると、一つ商品的にもレベルが高いとは思いますよ」。娘を短大・四年制大学に通わせる家庭にはそれなりの階層が求められる。JJ創刊時の１９７０年代半ば、女性の四年制大学への進学率は１割ちょっとしかなく、短大進学率と合わせても50％に満たなかった。

生まれた家庭の階層を示す文言《もんごん》は、誌面にも常に扱われる。「質の良いものを長く着るということを、子供のころから教えられてきた慶應の女のコたち」（１９８４年２月号）、「毎日使うものはヴィトンがいちばんという母のおすすめです」（１９９５年４月号、青山学院大学入学予定の女性のキャプション）、「３大ブランドの魅力と価値を教えてくれたのは両親でした」（１９９９年１月号）。これらはそれぞれ、女性たちに求められる階層、家庭環境を端的に示している。上流家庭に生まれ、大学までの教育を約束され、両親と仲が良く、育つ過程で両親から女性の心得を学んできた。それこそが、単なる高級ブランドの服やバッグに加えて、彼女たちを「ブランド品」に仕立て上げる材料だ。

高卒ではなく大学生であるというブランド意識に加えて、大学名は誌面で大きな存在感をもって示され、その固有名詞には大きな偏りがある。９０年代のJJで、大学名として頻出するのは慶應義塾大学のほか、甲南女子大学、青山学院大学、学習院大学、玉川大学、立教大学など。甲南女子大学は創刊直後から、神戸ニュートラの代表的存在としてそのファッションが幾度となく誌面で紹介されてきた、JJ的伝統校でもある。地域は東京と神戸が中心で、学生数が多くとも早稲田大学や日本大学などの名前はほとんどなく、国公立大学の名前も見かけない。ここにおそらくJJの提示した女として生きるというイデオロギーの具体的な形が現れている。

JJ読者の「選び方」

JJは読者を明確に規定した。私立大学や附属の女子校などに通える余裕のある家庭に生まれ、高級ブランド品を手に入れることができ、なおかつ、大学や仕事の選び方に何かしらの筋が通っていること。それがすなわち彼女たちのファッションと生き方、双方の選び方に通ずるJJ哲学を示すことになり、対外的な印象の形成にも寄与する。小倉千加子が「女性偏差値重視派」と呼んだ印象の形成には、単なる女子力や美しさだけではなく、何をもって生きる道を選ぶかという、女性としての矜持《きょうじ》が関係している。

ここでの大学名の選別はある意味妄想的であって、少なくともイメージでしかない。しかしそのイメージが何より重要だとJJは示した。偏差値や立地、好きな学問を学べるか、どんな先生がいるか、どんな就職に有利か、どんな部活や

Ⓑ「JJ」1995年10月号

サークルがあるか、など個人が大学を選ぶ際には多面的な要素がある。ただし、JJが想定した読者の女のコたちが何かを選ぶときの基準は、女性としてのイメージが良くなること、結果的には結婚によってより一層の階層の上昇に繋がることだった。その一貫した姿勢の上で、何を選ぶべきなのかを具体的に示すのが雑誌の役割であるという考え方のもと、JJはブランドや着こなし、ヘアスタイル、登場する大学名や職業に至るまでを誌面で示した。それはある意味、男性の視点や思想を内在化させ、その視点で物事を決める習慣をつけることでもある。その漠然とした「男性の視点」は、男性編集

©「JJ」1999年5月号

長のもと、強烈な印象をもって、雑誌が提供した。

社会人の肩書もよく見られるが、目立つのは「メーカー勤務」「国際線CA」「弁護士秘書」「総合商社勤務」など。それぞれ立派な仕事に違いないが、彼女たちは、男が会社や仕事を選ぶように、それらの仕事に就いている気迫はない。むしろ、男ではない彼女たちが、どのような基準で就く仕事を選ぶべきかを示しているのがJJの誌面だった。

1995年10月号（Ⓑ）では、「お嬢さまOLの『ワンピース日和』」といった特集が組まれ、「デートの時は女らしく」「会社の行事のある日に選びたい清楚なローウエストワンピース」などの提案がなされる。また、1999年5月号（Ⓒ）にある「オフィスのmiumiuちゃん　ヴェルニ嬢　エルメスさん」では、「ちやほやされたい1、2年目」「そろそろ〝かっこいい〟と言われたい3、4年目」「〝かっこいいけど肩ひじ張らない〟が理想の5、6年目」のOLを、それぞれのイメージのブランドのバッグに合わせて紹介する。彼女たちにとって、仕事を続けることは、出世や自己実現以上に、より高額なバッグを買い、それぞれの段階にあったより高級な自己演出をすることだというのがよくわかる。

現代女性のあり方は、一つのはっきりした方向に向いているわけではない。その中で、

JJの読者たちが求める仕事の選び方、オフィスでの立ち位置、先にある目標などが示すのは、男性と同じ教育を受けて同じ会社に入る権利があっても、同じ理由で選択することはない、ということだ。当然９０年代の女性たちは、現在よりも世間的な壁が高かったとはいえ、男性と同じ理由で大学や仕事を選ぶ権利を持っていた。あるいは、人と絶対に違うことをして目立つ、自由を重視して生きていく、など別の意志も存在し得た。その中で、JJ読者たちが持っていた方向性ははっきりとしていて、男性に対して高額な「ブランド品」であること、「女性としての喜び」を第一優先事項として選択を繰り返すことである。そしてそれが、10代で家同士のお見合いがあるような時代や、女性が大学に入らない時代、花嫁修業だけを続ける時代とはまた別の時代に、どのような形であり得たのか、ということは、当時のJJを見れば十分得心できる。

　近年の社会が目標とする多様性とは、基本的に横に広がる自由である。セクシャリティや人種、国籍やジェンダー、ファッション、教育、文化が横に広がり、そこに縦の優劣を認めない態度こそが、現在理想とされる世界のあり方だ。その際、個人の選択にはある意味拠り所がなく、個性や意志を問われ続ける。自由ではあるが、不安との戦いでもあって、どのように生きるか、そのために今何をしているか、自分の選択には何の意味があるのか、と問われ続ける。単純な優劣で縛られない代わりに、自分のしていることを、間違っていないと後押ししてくれるような規範は不在だ。

JJが提示していたのは、横に広がる思想ではない。「女性として生きる」ことにサインアップした者が、その中で縦に伸びていくための手法である。誌面作りは多様な選択、多様なあり方、人とは違う生き方、前衛的な思想を推奨するものではない。自分たちがどこに向かっているか、何者であるかを繰り返し確認し、そのために次はどのブランドのどのバッグを持って、どんな格好でデートに行くか、どんな大学に入り、どんな進路を選ぶのか、それらを総合的に示すことで、女のコの生き方の一つの拠り所となった。「保守的」な女性の読み物であるという評価は単に男性受けを狙ったファッションが根幹にあるだけでなく、おそらくそうした、「女性以外のものにはならない生き方」への賛同がもたらしたものだと言える。

憧れの少し下、現実のちょっと上

梨花が表紙を飾る1999年5月号(Ⓒ)のJJの巻頭に興味深い大特集がある。表紙でもいちばん大きいフォントで印刷されたタイトルは「気がつけば日本全国〝ヴェルニ〟現象」で、１９９８年にデザイナーのマーク・ジェイコブスを迎えたルイ・ヴィトンが発表し、瞬く間にブランド好きの日本女性たちを虜にしたモノグラム・ヴェルニ・ラインの特集だが、その誌面構成は非常にJJらしく、女性たちの夢と現実を見事に連結している。

仏語で「エナメル」のライン名が象徴する通り、ヴェルニはモノグラム・ラインと同じパターンを、エナメル加工の光沢ある単色カラーに型押ししたファッション・アイテムである。現在では濃色カラーやメタリックな色も豊富だが、登場したときはベビーブルーとベージュが2大カラーで、その後もピンクやグレーなど、パステルカラーを中心に展開していった。JJの看板モデルの一人である梅宮アンナだけでなく、当時タレントとしても人気を誇っていた神田うのなどがいち早くファッションに取り入れたことで、女性たちの間での知名度はすぐに上がり、それまでブラウン系が主流だった百貨店のヴィトンの店頭をパステルカラーが席巻《せっけん》した。

大特集と銘打ったページのフロントには、当然ヴェルニの主力商品であるハンドバッグの類《たぐい》が所狭しと並べられる。当然、最もリーズナブルなものでも８４５００円、高額なものは20万円以上の高級品だ。ベイビーブルーやベージュなど、ヴェルニのカラーそれぞれにフィーチャーしていく次ページ以降もヴェルニ・ラインのバッグや靴の紹介が続くが、特徴的なのは、そのバッグに合わせたスタイリングというより、そのカラーを基調とした洋服のコーディネートがメーンとなっていること。さらに、ヴェルニ・カラーに近い商品を、もっと安価の１万円前後で展開する国内ブランドのバッグや靴の紹介でページのかなりの部分を占めながら特集が進むことだ。

その特集の後も同じ号を読み進めると、「『新・持ち方ＢＡＧ』大全」と称したバッグの特集、「いま買えば『エッヘン』アイテムＢＥＳＴ40」などが続く。バッグ特集も、旬のアイテム特集も、イメージとして最初に紹介されるのはヴィトンやフェンディなど世界のハイブランドの小物だが、類似品の比較的安いバッグや、「スピック＆スパンのヘアピン」など愛用ブランドのミニ小物などが並べられる。

当時、日本人女性で所得が年間６００万円を超すものは全体の５％しかいない。[5] JJの主要読者である20代前半の女性に限れば、平均給与は年２５０万円前後である。現在でも６００万円以上の年収がある女性は全体の７％程度で、年齢別に言えば平均給与もほとんど変わっていないのだが、当然、ヴェルニ・ラインが発表されて１年で、次々にアイテムを手に入れられる梅宮アンナや神田うののような女性はプラチナくらいの希少さだったはずだ。

長期にわたる低い成長率と国際的な存在感の下落も手伝って、日本の若者のブランド志向の低下や、衣服やアクセサリーにお金をかけないカジュアルなスタイルが一般的になったことが指摘されて久しい。休刊前近年のJJ誌面や他の主要女性誌を見ても、９０年代のような高級ブランド特集は少なく、見出しコピーも「安かろう〝良かろう〟」「Ｕ￥５０００！」「安上がり!?」など、お金をかけずに楽しむおしゃれの提案が多い。特集自体も、バッグや洋服の着こなし紹介の割合は相対的に減り、メイクやヘアアレンジ、趣味や休日の過ごし方に取り組むページが増えた。ユニクロやＧＵなど廉価《れんか》ブランドが頻出し、Ｔシャツなど手入れが簡単で気軽に手に入れられるアイテムの掲載も多い。

これは彼女たちの実際の生活水準や、ファッション以外の支出、日本全体の競争力の低下を考えれば、むしろ健全化したと言えるし、そもそも大学生がハイブランドに夢中になっていたバブル以降の日本は、国際社会では若干異常だと考えられていた。大学生であればブランド品の購入には、父親や恋人の経済力、あるいは高額が稼げるアルバイトをしている必要があるし、それらを頼りにファッション・アイテムを買い揃えるよりは、学問や趣味に打ち込んでいた方が豊かな人生に繋がりそうな気もする。

当時の雑誌誌面に躍るブランド名を見ていると、確かに未だ経済的な勢いのあった日本を感じることはできるが、そもそも９０年代、日本のビジネス情報誌やテレビはすでに不景気と見通しの立たない巻き返し戦略の中にいた。ビジネスの現場では不景気が叫ばれるものの、その雰囲気は若い女性たちまで波及する前だったとも考えられるし、全体的な不景気であっても高収入層との結婚がまだそれなりに現実味があったとも考えられる。ただ、JJを読んでいた彼女たちが、必ずしも毎月掲載されるブランド・アイテムを購入していたわけでもなく、そもそも誌面に登場するような、母親からヴィトンを譲られ、入学祝いにフェラガモをねだることができる学生自体、読者層の中でも極めて希少だったと考えるべきだろう。多くの女性は、現在よりは元気のあった両親からの幾ばくかの仕送りやお小遣いとアルバイト、社会人になれば今より若干少ない一般職の給与で生活する者がほとんどだった。ヴィトンのバッグなどは、せいぜいボーナス時や家族旅行の際に、一つだけ手に入れるようなものでしかない。

　ファッション誌を、デザイナーの提案するトレンドや斬新なアートを見る感覚で楽しむ考え方もある。ＶＯＧＵＥを小脇に抱えるニューヨークの若い女性が、実際に同誌が扱うハイエンドなファッションを身に纏っていることは少ない。そういった際のファッション誌は、夢や理想、アイデアやデザインそのものを見せる役割を負い、現実とは切り離された娯楽として一定の需要がある。

しかしJJの戦略はもっと具体的に彼女たちの暮らしに根差した存在として、エンタテインメントの領域を大きく超えて、必需品の一つとなるものだった。斬新で前衛的ではないが、庶民的でもダサくもない女性たちそのものと、相互対話的に生まれてきた文化でもあった。理想とされる姿を示しながら、現実的な対策や実際に購入するアイテムを、理想と大きく外れることなく見せていく。この、両方の役割を負う雑誌は実はその後もそう多くはない。

これを可能としたのは、まず９０年代の全盛期に80万部近い発行部数があったことが大きい。広告は黙っていても大量に入る。最盛期のJJが４５０ページ以上も珍しくない超重量級雑誌だったことは多くの人の記憶に残っているはずだ。なおかつ、作り上げてきた高級志向の「お嬢さん」ブランドは、実際の裕福な家庭のお嬢さんたちに商品を紹介したいハイブランドの商品掲載に、障壁を作らなかった。広告主の商品を無理やりにでも紹介する必要がなく、世界の高級ブランドの商品を使って、独自の切り口で記事にできる強みは誌面作りに十分に生かされる。世界のハイエンドのファッション誌にはない、エルメスの商品と国内の比較的リーズナブルなワンピースや靴を同じモデルが着用することも、フェンディやヴィトンのバッグと雰囲気の似たファッション小物を並列して紹介することもできた。

実際の高級ブランドが掲載されることは何より、中心に通る芯がぶれずに、前衛的でもダサくもない「お嬢さん」のイメージを堅持するには有効だった。そのブランドが意味する階層性、理想とされる生活を間近に示しながら、今、実際に高額所得ではない生活を送る大学生やＯＬに、その理想と現実の間にある緩やかな道を示し続ける。そういった努力は、本当の「慶應のお嬢さん」「聖心のお嬢さん」ではない者たちにも、自分は「そちら側」にいるという証明を与え続ける効果があった。

そして、JJのヴィトンと同じページに掲載されていたアイテムを買い続けられる持続可能性が、彼女たちに、自分らの理想の姿に続く道は途切れてはいないという思い込みを提供したのだ。

80万の彼女たちが求めたもの

森《もり》剛志《たけし》と小林《こばやし》淑恵《よしえ》の共著『日本のお金持ち妻研究』[6]は、全国の高額納税者の妻たちへの詳細なインタビューやアンケートを集め、その実態と、世間的なイメージとの落差を取材した興味深い本で、２００８年の発売当初、経済学周辺だけでなく、各所で話題を集めた。世間的なイメージをもとにこの本が立てる仮説はまさに、JJが積み上げ、読者の女性たちが信じていた幻想を言い表している。

　例えば、お金持ち妻がどのようにしてその座を手に入れたか、における第一の仮説は容《よう》姿《し》端麗《たんれい》でお金持ちに見初められた「玉の輿《こし》仮説」。JJによって女磨きをしていた者の持っていた大きな仮説は、美しく着飾り、奇抜ではなくコンサバティブで上品な印象を身につけ、男性視点でのいい女になれば、本当の理想であるハイクラスな生活やより多くの高額品を手に入れられるというもので、まさにこの「玉の輿仮説」そのものだった。しかし、この仮説は同書の中では最初に打ち破られる。実際のお金持ち妻の調査では、「玉の輿」と思わしき人物はほとんど見当たらず、むしろ結婚まではキャリアに集中している中で、未来の夫になるべき人物に出会った人の方がはるかに多い。

あるいは、「お金持ち夫人は消費好き、ブランド物好き」という仮説もまた、正確とは言えないことが証明される。JJの誌面に魅了された読者たちが、持っているべき、あるいは将来ぜひ持ちたいと思っていたような高額な商品は、実際のお金持ち妻のクロゼットにはないことがほとんどで、堅実な金銭感覚を持つ人の方が多いことが示された。

同書が「玉の輿仮説」とともに挙げた、お金持ちと結婚するような人はそもそもお金持ちの家に生まれて、お金持ち同士のお付き合いの中で結婚しているのではないかという「同類リッチ婚仮説」は、調査の中でもある程度真実であると証明される。これはJJが打ち出してきた仮説でもあり、だからこそ四年制大学に通っていることや、その大学名、両親との関係の良好さなどはたびたび誌面に登場したわけだが、これは雑誌を読んだからと言って、事後的な獲得はそもそも難しく、そのような素振りで暮らす、ということが関の山だったものでもある。

つまり、実際に彼女たちが目指すような高額納税者たちとの結婚の実態は、JJを読み込み、その雑誌が示す方向に突き進んだものとは、必ずしも一致しない。むしろ調査をしてみれば、一部では逆方向であるような打ち壊され方もした。ブランド品や上品なワンピースを手に入れて、彼女たちの思う男性目線でいい女になることを目指すより、家庭から自立して金銭感覚を身につけ、キャリアに集中する中で、同じ職場にいる男性と出会う方が、現実的にはハイパーガミー（上昇婚）を可能にしたとも言える。

本物のお金持ちが案外地味だというのは、昔から常識としてある程度共有された感覚だった。名家の妻や娘は、ヴェルニやエルメスを買い漁《あさ》ることはあまりないし、本当に「親からものを大切にすることを学んだ」者は、ファッション誌で欲しいものチェックをしてはおねだりするようなことはない。誌面で一部の読者の実際の声を掲載しても、多くの女性にできるのは演出された上品さや演出された育ちの良さを身につけることでしかなく、JJが提供した男性目線も、必ずしもお金持ちの男性が実際に結婚する場合の声を反映したものとは言い難かった。

それでも彼女たちは毎月、本屋から持ち帰るのもひと苦労なほど重たい雑誌を買って読み、それが提供するコードを信じていた。もしかしたら、本当にいつか高額納税者と結婚し、夢のような生活を送ることができると信じていた者すら、大多数ではないのかもしれない。おそらく彼女たちの多くは、それほどの超お金持ちと結婚するわけでもなく、現実と折り合いをつけ、仕事を続けたり結婚したりしながら、後に普通の金銭感覚も身につけ、老化や多忙や子育てと格闘しながら、人生の駒を進めている。どうしても一つは手に入れなくてはならないと必死に買ったヴェルニやエルメスのスカーフは、現在ではネットオークションに出したり、クロゼットの奥底で眠っていたりするかもしれない。

なぜあれほど強烈なコードが求められたのだろうか。一つには、嫁いで家庭を支えるという以外の生き方が女性にも開かれ、むしろ奨励され出した時代に、それでも残る「女性としての嗜《たしな》み」「女性としての幸せ」というしがらみを感じながら、何が正しくて何が否とされるのかのわかりやすい基準を、与えられたかったのかもしれないと思う。ある程度の自由が示される中、ひたすら守っていれば良いイエ制度時代の行動規範は有効ではなくなり、お見合いもやや時代遅れになっていった。かといって、前例のない新しい時代を、女性の身体を抱えて生きていく際に、何かしらの拠り所を求める気分はわからないでもない。「女性としての生き方」を全肯定して突き進むJJコードは、彼女たちが物事を決めながら若さを生き抜くための強い拠り所であり続けた。

もう一つ、ニュートラという流行とともに誕生したJJが、多くの女性に「ちょうどいい心地よさ」だったことも考えられる。かつてファッションというと前衛的なデザイナーやスタイリストが、人より先んじていたい、人より目立ちたいという観点で発信するものでで、それ以外の普通の「お嬢さん」たちは、前衛的なものを是《ぜ》とするファッション誌とは違うところで、実用的でつまらない服を着ているものだという時代があった。しかし、別に誰かより目立つわけでも、斬新な印象を残したいわけでもない彼女たちの多くが、それでもダサくて安っぽくて田舎臭いままキャンパスや会社に通いたくないと考えていた。誰かと違う、と横に広がるわけでも、誰よりも新しく、と前に抜きん出るのでもなく、誰かより少し優れた、誰かより少し高級な、誰かより少し上品なスタイルを目指すJJは、名前を与えられなかった大衆を取り込むに値する力を発揮した。

　取り上げられる高級ブランドは実際に売れていたものの、約80万部の雑誌の読者全員に手の届くものではなかったし、結婚による階層上昇で夢を手に入れた者もそう多くはないだろう。それでも、何かこの道に沿っていけば、数ある選択肢のうち少なくとも一つを選びとって上に昇っていける、という予感は、具体的な熱狂を呼び、多くの女性のライフスタイルを規定した。多くの選択肢が登場しつつある中、自分はこの規範を信じて生きていく、と信じられるものを、毎月４００ページ以上もの厚みの中に、見出していたのではなかったか。

1・英国発の靴ブランド。スペイン出身の男性デザイナーが設立した。ダイアナ妃が愛用していたことで世界的な知名度を得て、日本では米ドラマ『セックス・アンド・ザ・シティ』にたびたび登場したことで人気が爆発した。同ドラマの映画化の際には、主人公のキャリーが恋人と入籍をする際にビンテージの白いドレスとマノロの青い靴の装いで役所に届け出をしたことで有名。ドラマ放映時はバーニーズ・ニューヨークなど一部高級百貨店で取り扱われる程度だったが、その後、松屋銀座や表参道に店舗が上陸。

2・小倉千加子『結婚の条件』朝日文庫、２００７年

3・三田村蕗子『ブランドビジネス』平凡社新書、２００４年

4・坂本佳鶴恵『女性雑誌とファッションの歴史社会学』新曜社、２０１９年

5・国税庁民間給与実態統計調査を参照。

6・森剛志、小林淑恵『日本のお金持ち妻研究』東洋経済新報社、２００８年

第2章 ♦ 女性誌は生き方を規定する

「私たちはどう生きるか」は雑誌が決める？

中学に上がった頃は「Ｓｅｖｅｎｔｅｅｎ」[1]じゃなくて「プチセブン」派で、卒業する頃にはすでに「ｅｇｇ」系、高校の同じクラスは「ＣＵＴｉＥ」系と「ｎｏｎ-ｎｏ」風女子がそれぞれ数人、超真面目な生徒を除くとあとは大体ギャル系だったけど、「ｅｇｇ」なのか「Ｐｏｐｔｅｅｎ」なのか「Ｆｉｎｅ」[2]なのかで１０９の好きな店は違った。「ストニュー」はギャル系と個性派やダンス部に多かったＢガールまで、高校時代を楽しいことに捧げようとして、メイクやファッションに興味を持つ子はみんな読んでいた。ｅｇｇのようなギャル雑誌や「Ｚｉｐｐｅｒ」や「ＣＵＴｉＥ」に代表される個性派雑誌に比べれば、ファッション自体は多様性があるのだけど、それでもストニューを読んでいる層といない層の間には、浅いけれどくっきりした溝があったのだと思う。大学時代の後半は、「ＣａｎＣａｍ」系の全盛期だった。

ブログやＳＮＳで好きなモデルを直接フォローしたり、世界中のネット通販サイトで欲しいものをチェックしたりするようになる前、あるいは吉原の花魁《おいらん》が呉服屋の広告塔をしていたり、みんなが皇室のプリンセスの装いを真似たりしていた頃より後、女性のファッションのお手本や情報は雑誌が提供していた。人気ブランドの新商品をチェックし、人気モデルの着こなしを参考にして、来るシーズンのトレンドを把握する。

ただそれだけではなく、ある一定の時期、ファッション誌は読者をセグメント化し、世代的、あるいはジャンル的な連帯感を持たせる機能も持っていた。それには雑誌のメディアとしての特徴が大きく関係している。長く手元に置いておく書籍や、主に当日のニュースを把握する新聞とは違う、毎月発売日に、次の月の号のものを手にとるという特徴を持っていて、言ってみれば、「来月どんな姿になりたいか」という点で一致している者たちがそこに集《つど》うメディアだと言える。社会学者の佐藤卓己《さとうたくみ》は雑誌メディアが形成したこの連帯を、「近未来を予感する共同体」[3]としている。

メディア史的には雑誌の誕生は17世紀の欧州に遡《さかのぼ》るが、日本で女性向けファッション誌がそのような役割を果たしていた期間はそう長いわけではない。日本の婦人雑誌の起源というと、明治期に主に発行された、主として女性インテリ層にむけた思想性のある雑誌が挙げられることが多い。それらも女性史やメディア史の文脈では重要な事件ではあるが、雑誌で「ファッション」が大きく扱われるようになったのは、戦後の洋裁ブームの中で地位を確立していった「装苑《そうえん》」[4]「ミセス」[5]などのスタイルブックと、大正期に生まれた「主婦之友」などの主婦に向けた雑誌が、製図法など服を作ることを前提とした情報を掲載し出した辺りだと言える。

女性誌の歴史に詳しくあたった前出の坂本佳鶴恵によると、５０年代から７０年代頃まで、「主婦之友」「主婦と生活」「婦人倶楽部」「婦人生活」の四大婦人雑誌の累計発行部数は多いときで２００万部を優に超え、「装苑」「ドレスメーキング」や「婦人画報」[6]などの服飾雑誌も合計すれば１００万部を超える人気を誇っていた。日本人女性のファッションへの欲望が、スタイルブックに掲載される欧米ファッションの情報で醸成されていったことは間違いないだろうが、その頃雑誌が想定していたのは、主婦や職業婦人など、年齢や階層、性別でなんとなく区切られた読者像でしかなかったとも言える。

女性ファッション誌と言われて現在想起されるような、何を支持するか、どんな理想を描くかといった好みを象徴するものとしての雑誌が確立したのは、１９７０年に創刊されたａｎ・ａｎ、翌１９７１年のｎｏｎ‐ｎｏ以降、そして１９７５年のJJを皮切りに８０年代初頭にかけて相次いで創刊された、ＣａｎＣａｍなどの女子大生をターゲットとしたファッション誌、ａｎ・ａｎやｎｏｎ‐ｎｏの後続誌として生まれた「ＭＯＲＥ」[7]「クロワッサン」[8]などが出揃った辺りだろう。非常に限定された年齢層に、それまでの主流だった「服を作る」ことを前提とした洋裁記事ではなく、既製服を紹介する記事を掲載した新しい雑誌が続々と登場する中で、女性たちは、「この雑誌を読んでいる人はこういう人」というイメージを作り上げていった。

ファッション研究などで知られる米澤泉《よねざわいずみ》は、「アヴァンギャルドなファッションで個性を競う『an・an』読者とコンサバティブなお嬢様ファッションの女子大生『ＪＪ』ガール」が出揃ったその時代、「着ることと生きることは強固に結び付いた」と評している。[9]前衛的な服を身につけるか、コンサバな服を身につけるかによって、単なるファッション上の好みの違いではなく、どのように生きるのかの選択をする。急速に広がり出した女性たちの「生きる道」を具体的に例示してみせて、さらに名前を与えることで、どこの会社だとかどこの学校だとかいうよりずっと自己選択的なラベルを作る機能を、雑誌が持ち始めた。

１９７０年以前の婦人誌が、主婦や女学生などすでに社会的に発見されている層をターゲットとしていたのに対して、７０年代以降に生まれたファッション誌は、雑誌自体が新たな層を作り出す機能を持っていた。「アンノン族」「エビちゃんＯＬ」「ＶＥＲＹ妻」などは、潜在的にあった女性たちの欲望や好みを雑誌が見出し、そこに具体的な姿を与えることで確立・増殖した、言わば雑誌が先行して生まれた層／集合体だと言える。雑誌と流行は常に相互参照的であり、女性たちの中に生まれるうねりに雑誌が輪郭を与え、それを事後的に社会が発見することで、女性たちのライフスタイルの選択、多様性が多くの人に可視化された。

　前出の佐藤卓己は雑誌の黄金期が去りゆく中で、「『近未来を予感する』雑誌の代わりを『いまに集中する』ウェブが果たすことが可能なのか」と問題提起している。女性ファッション誌がかつての求心力を失う昨今、細分化したウェブメディアやＳＮＳなどはよくも悪くも連帯感を育てる土壌とはならず、私たちは今、女性たちの中に生まれるうねりをはっきりした輪郭を持って知る手段を一つ失いつつある。それは単に、社会が消費者を区分することが困難になったというだけの話ではないだろう。あらゆる選択肢を与えられた現代の多くの女性たちにとって、来月どんな姿になりたいか、ゆくゆくはどんな未来を手にしたいか、という指標をひとまず与えてくれるのが雑誌だったのだとしたら、それが失われつつある今、若い女性たちは地図を持たずに荒野を歩き出さねばならないことになる。

おしゃれして旅するアンノン族の登場

　女性の啓発に寄与した戦前の女性雑誌、主婦向けの実用情報が詰まった婦人雑誌、戦後の洋裁ブームを牽引したスタイルブックなどのルーツがある中で、女性ファッション誌の現代的な意味での誕生、あるいは戦後日本の女性向けメディア史の中における最大の事件として、１９７０年のａｎ・ａｎ、１９７１年のｎｏｎ‐ｎｏの創刊が挙げられることは実に多い。斎藤《さいとう》美奈子《みなこ》は「アンノンが『女性解放』に果たした役割は、おそらく電気洗濯機と同じくらい大きい[10]」と書き、創刊当時のｎｏｎ‐ｎｏ副編集長の安藤《あんどう》金次郎《きんじろう》は「女の人が自分で服を作らない時代の幕開けだった[11]」と発言し、上野《うえの》千鶴子《ちづこ》は「風俗としての消費社会現象の先駆け[12]」と呼んだ。創刊時にそれぞれ仏「ＥＬＬＥ」、米「ＧＬＡＭＯＵＲ」と提携していた両誌は、ヴィジュアル的にも、それまでの婦人誌やスタイルブックとは見違える華やかさだった。

　型紙や製図とともにファッションを紹介し、女性を服を作る存在として捉えていた婦人雑誌から、既製服のみを扱い、女性を高級品を消費する存在と捉え直したヴィジュアル・

ファッション誌と呼ばれる系統の登場は、女性研究や文化風俗研究の立場からも大きな転換期だったと言える。貿易の自由化による海外高級品の流入、社会全体における景気の上昇、女性の解放と相対的晩婚化などにより、家庭の「子供」「娘」と「奥さん」「母」の間に、若い女性という存在が生まれ、その新しい存在を消費の主体として発見した功績は大きく、基本的には２０２１年現在も、若い女性という消費者層は確固たる地位を持っている。

昭和史研究などで目にしがちな「アンノン族」という言葉は言うまでもなく、雑誌ａｎ・ａｎとｎｏｎ‐ｎｏを組み合わせた造語だが、具体的には両誌が巻き起こした旅行ブームに乗った若い女性たちを指した。ａｎ・ａｎやｎｏｎ‐ｎｏに載っているような服を着て、ａｎ・ａｎやｎｏｎ‐ｎｏの旅行特集号を小脇に抱えた若い女性たちが、京都をはじめ日本全国に出没するようになった、その様を、世間がアンノン族という新種の民族のように名づけたのである。

父親に連れられるわけでもなく、夫を伴うわけでもなく、女性同士で主体的に動き、旅行に行くだけの経済的な余裕があり、流行のファッションを既製服で取り入れる消費者の発見は、確かに女性の歴史の中で特筆すべき出来事である。家族行事に参加し、家事をこなし、子供を育てる過程で、洋裁や料理に多くの時間を割いていたはずの女性像は大きく揺らぐ。家庭のための料理、花嫁修業としての洋裁が、趣味のための旅行や外食、ファッションとしての既製服にとって変わったこの現象を、斎藤美奈子は「女の義務」が「女の子の趣味」に代わったと解説する。

もちろん明治以降、職業婦人と呼ばれる、主婦になる以外の女性の選択肢が存在しなかったわけではないし、作家や教育者では著名な女性も多い。もっと言えば戦前にはモダンガールと呼ばれる小粋な女性たちもいた。しかし一部の富裕層やインテリ層、風変わりな人たちに限定されていた道が徐々に大衆化し、自発的に歩き出す時代が近づいたことと、アンノンの盛り上がりは大きく関係していた。これらの流行により「女のコ」と呼ばれる独身の若い女性が、メディアの中でも実生活でも、存在感のある消費主体として注目されるようになる。

ファッション情報が減り、ジャニーズのイケメンたちが表紙に頻出するイメージが強い近年のａｎ・ａｎでも、かつて存在していなかった「自分のために消費する」「主体的かつ選択的な」「自己表現を希求する」女性像は受け継がれている。毎年何かしらの話題を呼ぶセックス特集や、かつてキムタクこと木村拓哉[13]が15年連続1位を取り続けていた「好きな男ランキング」などは好例だろう。ひたすら受動的でしかあり得なかった女性たちが、好きな男を自ら選び取り、気持ちの良いセックスを掴み取るなんていうことは今では当たり前になった。

新時代の女性たちを発見し、世代的な特徴を切り取っただけではなく、これらの雑誌はan・anやnon-noを読んでいる層という、まさにトライブ（部族）とでも言うべき集合体を作り出した。アンノン族と名付けられたような新しい若い女性たちの輪郭は、その後に続く女性ファッション誌の相次ぐ創刊によって、より限定的に、よりはっきりとしたものに成熟していく。

JJ女子大生という選択

アンノンの読者層とたびたび比較されてきたのは、数年遅れで創刊されたJJを読んでいるような女子大生たちである。小倉千加子はその選択を「大学生のときになんの雑誌を読んでいるかで、その人の十年後の生き方はある程度想像がつく」とまで言った。「アヴァンギャルドなファッション」と「コンサバティブなお嬢様ファッション[14]」「社長か社長夫人か」[15]、「前衛的でありたい、人より先んじていたい」と『お嬢さん』が着る『普通の』『コンサバティブ』なファッション」[16]、「女性偏差値軽視派」と「女性偏差値重視派」[17]などなど、ファッションの選び方が生き方の選択を代表し、その選び方の大枠を主要な女性ファッション誌が担っていたと考えられた。

家で洋裁をする女性像を脱し、既製服を着て自らの趣味のために日本各地に旅行に出かける若いアンノン読者の女性たちはその後、仕事やセックスに主体的に取り組んでいく方向に舵《かじ》を切る。アンノン世代がその後に読む雑誌として生まれたクロワッサンやＭＯＲＥも含めたその路線が、フェミニズムの思考を積極的に取り入れ、キャリアやセックスにフィーチャーした特集も多く組んでいったことは必然的だった。家庭の中で育ち、男性に選ばれて家庭を運営していった女性に対して、自分のために趣味や仕事を選び、そのために消費していく主体性を推し進めた。

それに対してJJ路線の女性たちは、かつての主婦予備軍、花嫁修業中の女性たちを高度に発展させ、より条件の良い結婚を自ら手繰り寄せる努力を進めていく。こちらもまた、家庭の中で洋裁をしていた女性像とは違う、高級な既製服を消費する主体になっていく。男性にはない、女性独自の幸福を掴もうという点で、キャリアや個性よりも、男性からみて理想的な女性であることを重視する。そして彼女たちが目指す成功例はやがて「VERY」という具体性をもって示されることとなる。

女性の選択肢が広がり、社長になるか、社長夫人となるか、よりももっと曖昧な生き方が主流になっていくのと同時に、雑誌が作り上げた派閥も解体されつつある。休刊間近のJJや今月号のnon-noを開いて、そこにあるファッションが何かしらの生き様を代表しているように感じる人は少ないだろう。どの雑誌も比較的カジュアル志向で、何かの価値に振り切った誌面作りはあまりなされなくなった。インターネットなど別メディアへの移行が、かつて雑誌が持っていた求心力を相対的に弱いものにしたことと、女性の生き様がそうシンプルに二分できなくなったことは、似たような時期にどちらからともなく進行した。専業主婦になるかキャリアを進めるかという大枠はもはや存在せず、どんな風に生きるかという選択に明確な輪郭は見えなくなった。

しかし、現在、それらの拠り所を失った女性たちが、社長か社長夫人かという問いと完全に決別したかというと微妙で、何を優先して生きるのかというのは今でも随所で女性たちを悩ませる問題として存在する。それは一つには妊娠・出産という女性の肉体的な特徴が、どんなに文化的に成熟しても、知識が増えても、特に変わらないことと無関係ではないだろう。学生時代に惹かれる雑誌によって自分がどんな価値を信じる集合体に所属するのかを言い当てられる時代に比べて、自由度が格段に上がった現在、何をもって自分の選択を繰り返していくのかは、各々が自分の言葉で語らなくてはならない時代になった。自由に見えて実際はより小さいコミュニティに過度な連帯感があったり、多様化したように見えてファッションに面白味がなくなったりしたのはそのせいかもしれない。

ＶＥＲＹ妻の誕生

小倉千加子はかつて「女性の性的解放と自立を求めるフェミニズムに拒否感を持つ二十代から三十代女性に向けて、やっぱり結婚はいいと思わせる効果に関して、『ＶＥＲＹ』以上の雑誌はない」と書いた。JJが定義した女性の幸福の一つの完成形は、お伽話《とぎばなし》と同じように結婚を結末としている。素敵な女性になって、素敵な男性に選ばれ、素敵な結婚をする。しかし、結婚した後の彼女たちの人生は結婚前よりも長く続くわけで、それが「オレンジページ」[18]や「すてきな奥さん」[19]を読みながら家事と子育てに追われる日々であってはならない。それではJJ路線を邁進《まいしん》した甲斐がない。ＶＥＲＹの誕生は、JJ女子大生たちが夢見た物語を、結婚の後まで拡張し、具体的に示すものだった。

一流ブランドを取り入れたなかなかバブリーな印象のあるＶＥＲＹ妻だが、雑誌の誕生はバブル崩壊後の１９９５年、JJの少し上の年齢層を狙い、お嬢様ブームを牽引した「ＣＬＡＳＳＹ．」の創刊（１９８４年）からさらに10年近くの年を経ていた。創刊号の特集は「私たちの着る服がない　〝ニュートラ、ハマトラ、エレガンス、ニュー・ベーシック〟あの頃おしゃれだった今の30代のために」で、はっきりと読者層を規定している。

それまでJJを読んで着飾った20代を経て、素敵な男性とリッチな結婚をすることで女のコは女のコを卒業するという印象が蔓延《はびこ》っていた。結婚のために男性に選ばれるに足るいい女になるのだから、結婚をしてしまったらおしゃれのモチベーションがない。あとは家庭の維持や子育てに重心を置けばいいのだから、料理情報や子育て情報の雑誌を読み始める。だからこそ、ヴィジュアル重視のファッション誌はそれまで20代を対象としたものに偏り、結婚後の女性たちが「着る服がない」状態に陥っていた。

そんな中でＶＥＲＹは、かつてJJを読んで大人になり、JJの目指す上昇婚を果たした女性たち、つまり卒業生たちにストレートに訴えるコピーで登場した。そして、結婚をした後も、しみったれずに女性として現役で、男性受けもよく、生き生きとした女性の代表格として例えば三浦りさ子[20]を表紙に据えた。つまり読者層はJJの真上に綺麗に重なっているが、より正確に言えば、JJをきちんと読みこなして正解を出した女性たちをターゲットにしている。年齢的にはそれまで料理情報誌が与えられてきた女性たちを、ファッションを楽しむ消費主体として改めて発見したことと、JJの物語の続きを提示したことに強みと画期性がある。

　資金（夫のお金）と余力としての時間があり、JJ時代に培ったセンスやブランドの知識もあるのに、着飾る主体として雑誌の世界で立ち位置を与えられていなかった彼女たちは、ＶＥＲＹを歓迎した。そして盛り上がるフェミニズムの兆候に対して、きっぱりと女性の幸福のもう一つの、より伝統的な形をアップデートしてみせたのである。

　重要なのは、現在ＶＥＲＹ妻と言って想像されるある種のステレオタイプというのが存在するが、当然ＶＥＲＹ以前にＶＥＲＹ妻なんていう概念はなかったことだ。もちろん雑誌が定義する以前にも、衣服にお金をかけられる層の主婦というのは存在したし、山の手の奥様が好むブランドや着こなしというものはあった。ＶＥＲＹはJJの誕生時と同様、すでに存在しているであろう読者層からむしろ要素や好みを吸収して立ち上がったと言える。しかし良妻賢母や裕福な人妻という以上に彼女たちを括る言葉や概念は存在しておらず、雑誌の創刊が彼女たちの本来的な意味での誕生に寄与したわけである。

さてしかし、日々の喜びや女性同士の楽しみを味わいながらも、最終的なゴールに結婚による豊かな生活の獲得を据えていたJJ女子大生に比べて、ＶＥＲＹ妻が時間とお金をかける先に、そのように明確なゴールがあるわけではない。共通の目標があればこその熱狂だとしたら、ゴールのない彼女たちの購買欲や、おしゃれしたい、雑誌のようになりたいという気持ちは、何によって支えられていたのか。おそらく、それを下支えするモチベーションこそ、雑誌が提供したものである。

ＶＥＲＹが世に送り出した流行語と言うと「シロガネーゼ」「公園デビュー」などがパッと思い浮かぶ。シロガネーゼは当然、港区白金《しろかね》、同白金台《しろかねだい》界隈の高級住宅地に住み、その辺りでお茶や食事を楽しむ主婦たちの呼称で、イタリアの「ミラネーゼ」をもじってＶＥＲＹが１９９８年２月号の誌面で初めて紹介した。その後、テレビ番組などでもシロガネーゼたちの実態を取り上げるものが相次ぎ、優雅な生活を送るおしゃれな都会の主婦を象徴する言葉として定着した。

１９９８年と言えばすでに時代はバブル景気を経て長期にわたる景気低迷に差し掛かっており、バブル期に超高額の住宅地として売り出されていた白金や白金台周辺は、国民の共通の目標ではなく、一部の選ばれた富裕層にのみ許される選択になっていた。そんなところに住める人は、すでにその近辺に不動産を持つ親のもとに生まれた富裕層のお嬢様か、ひと握りの成功者の妻に限られる。この、主婦の中の勝ち組の条件をきっちりゾーニングして、目指すべき姿、誇りを持つべき要素を並べ立てる手法は、大学名や住んでいる場所にこだわって具体的に例示し続けたJJと重なる。結婚はゴールではあるものの、結婚したからっておしゃれじゃなくてはＶＥＲＹ妻じゃない、おしゃれをできない主婦ではいけない、高級住宅地に住んでいなくてはいけない、「夫の金で消費と社交に明け暮れる」（小倉千加子）余裕がないといけない。結婚したからといって、それがハッピーなゴールとは限らない。

　つまり、家計簿を見ながら節約し、パートで家計費を助ける所帯じみた主婦、あるいは自分のプロフェッショナルな仕事と子育ての両立で「女」を見失う主婦とは無縁の、おしゃれで都会的で上品でお金持ちであるというプライドこそがＶＥＲＹ妻のＶＥＲＹ妻である所以《ゆえん》なわけで、雑誌はその具体例を示すことで、すでに結婚という一つの目標を達成した女たちに新たなモチベーションを付与した。JJの物語は結婚にてひとまず決着がつくが、その後の物語にも幸福と非幸福を分ける無数の条件があると提示してみせることで、既婚の女たちの欲望に火をつけることに成功したのである。

そしてそのわかりやすい指標となったのは、「公園デビュー」に見られる、女同士の社交の場の提案であった。この造語がマスコミで使われるようになる以前にも、当然のことながら公園はあり、公園で遊ぶ幼児たちはいた。しかしそこに集まる母親としての女性たちに、「好ましい服装」などという概念はなかった。正確に言えば、母親たちにそういった気分があったことは充分に考えられる。ただ、少なくとも、外部からはそのように見えてはいなかった。主役はあくまで幼児であって、母親は母親でしかなかったのを、公園とは女性同士が周囲に溶け込み、または周囲に差をつけることによって承認を与え合う、ファッションの試される場であると捉え直し、新しい意味を付与することにＶＥＲＹは成功した。それは主婦同士の分断やマウンティングを絶えず生み続けることで、結婚するだけでは終わらない女の物語を、再定義することに他ならない。

実際には、ＶＥＲＹがある意味扇動する形となった優雅な主婦願望への回帰には賛否があるだろう。脱・性差別的な社会や女性の自立の芽が少しずつ育っていく中で、新保守主義的な彼女たちはある意味逆ギレ的というか、女の武器を使って階層上昇し、その報酬として男の金で贅沢をして何が悪いの、という態度であったことは間違いない。

ただし、別の見方をすれば、かつては「奥さん」と呼ばれて家の奥で、主人と子供のサポート役、引き立て役でしかなかった主婦たちを、消費の面で家族の主役に押し上げたとも言える。公園で遊ぶ子供たちがフィーチャーされることはあっても、子供を連れた主婦たちの服装など誰も見ていなかったし、だからこそ、「私たちの着る服」が華々しく取り上げられることも、ブームとなることもなかった。それはプリンセスの結婚でお伽話が幕を閉じるのと同じように、女が主役であるのは結婚の前までと言われているようで、私としては気にくわない。

性役割に疑問を持たないＶＥＲＹ妻たちが体現したのは、フェミニズムの提唱者たちが望んだ女性たちの姿とはだいぶ違うものの、引き立て役としてではない、生涯主役の女たちであって、そのような形で己の承認や喜びを手助けしてくれる雑誌の役割はことさら大きかった。夫の収入が高く、また妻に時間の余裕があるような限られた層でなければ困難なイメージではあるものの、一つの生き方を肯定するその作業は、最高発行部数35万部という大きな歓迎を受け、時代の一角を担った。

名前のなかった彼女たち

JJ読者の女性たちが漠然と描いていた上昇婚はその後、ＶＥＲＹという形で具現化し、キラキラした結婚生活を夢に描く女子大生と、実際にキラキラした結婚生活を手に入れた主婦たちは線で結ばれた。ただし、実際は高度経済成長期からバブル期にかけて、そしてその後に長く続く景気低迷期も含めて、女性の初婚年齢は右肩上がりに上昇していったわけで、１９７０年に24歳程度であったのが、現在では平均でも30歳手前となった。[21] 恋愛結婚の増加や女性の仕事の幅の拡大が手伝って、多くの女性が、20代を独身で過ごす時代に移り変わっていったわけである。

それは、JJ女子大生やアンノン族と呼ばれるにはやや年齢が上の、しかしＶＥＲＹ妻や「すてきな奥さん」にはなっていない、独身の20代半ばから後半の女性が大量に発生したということを意味する。さらに近年では独身の30代もボリュームとしては増えており、親の庇護の下にある学生でもない、かといって「奥さん」や「お母さん」でもない彼女たちは、現代に生まれた「若い女性」たちである。「花嫁修業」「嫁入り前の」などが死語になっていくにつれ、それは「働く女性」と同義になっていく。

そもそもJJ女子大生と呼ばれた時期を過ごした女性であっても、大学を出てすぐに上昇婚に成功する者などそのうちのほんの少しであって、妻になる前であっても生活があり、物語がある。そしてその、ある意味肩書きの隙間であった新しい存在は、子供や夫に時間を取られることもなく、自分のお給料をもらっていて、たとえ富裕層家庭の出身ではなくとも購買力と自由な余暇がある。彼女たちはお手本のない独身の20代を楽しくおしゃれに、あるいはそれなりの承認を得て過ごす補助線として雑誌を発見し、また雑誌も早々に彼女たちを発見した。

アンノン族を形作ったａｎ・ａｎとｎｏｎ‐ｎｏは、両誌より少し上の年齢層を狙った「クロワッサン」（１９７７）と「ＭＯＲＥ」（１９７７）の創刊によってそれぞれの雑誌が作り上げた価値観の広がりを得た。この両誌は20代から30代の読者層を多く抱え、比較的高学歴の独身者が多かったことも特徴として挙げられる。表紙に「女の新聞」と印字されたクロワッサンに至っては、大学を卒業し、まだ結婚するつもりもないが、かといって専門職のキャリアに集中しているというわけでもない女性たちを指す「クロワッサン症候群」[22]という言葉まで生んだ。

アンノン族の特徴であった哲学は基本的にはそれぞれに踏襲されており、ファッションやグルメを追いながらも、自分のスタイルを持ち、また女性として自立することが推奨されるような誌面作りが見て取れる。当時、勢いを増しつつあったフェミニズムやキャリア・ウーマン、また「モア・リポート」に代表されるように、女性がセックスを真面目に考えるという文化も早くから取り入れられた。ゴリゴリと社長夫人を目指すわけでもないが、キャリアを全て優先して社長になるというよりも、自分の人生を自分らしく生きる、現在で考えればごく自然な女性像が作り上げられていった軌跡と言ってもよい。

　現在、主にＳＮＳの広がりを受けて盛り上がりを見せているフェミニズムや、逆にそのラウドなフェミニズムにそれほど馴染めないけれども男性主導の人生を歩む気もないといったジレンマは、７０年代に創刊されたこれらの雑誌がすでに各方面から代弁していた立場だ。女性たちはすでに半世紀近く、似たような言葉を並べてああでもないこうでもないと自分の人生について考えてきたのである。

　これに対して、人生のコンセプトに比較的迷いがなかったJJ女子大生たちの、次に読む雑誌として創刊されたのが「ＣＬＡＳＳＹ.」（１９８４・Ⓐ）であった。年齢などの属性はクロワッサン症候群の彼女たちとほぼ重なるものの、特徴的なのは、生まれの良い、いわゆる富裕層家庭に育った20代の女性たちをターゲットとしたことで、１９８０年に創刊された「25ａｎｓ[23]（ヴァンサンカン）」、１９８８年創刊の「ｍｉｓｓ家庭画報[24]」と並び、「お嬢様」ブームを牽引することとなった。

JJは基本的には早く素敵な富裕層男性を見つけて見初められることを共通の目標として掲げてきた。しかし時代とともに、JJ女子大生の多くが独身のまま20代半ばを迎えるようになったわけで、量的にはマジョリティな彼女たちは、当初のコンセプトであるJJ的理想の人生の中ではギリギリ「売れ残り」にならないためのややデスパレートな存在だとも

Ⓐ「CLASSY.」1984年6月号

言える。そのデスパレートな層に、コンセプトを「生まれ」の方に振り切ったCLASSY.が与えられたのは、なんとなく必然のようにも思える。VERY妻が、勝ち取った現在の自分の生活や夫の収入にステイタスを感じるのに対して、CLASSY.や25ansのお嬢様たちは、自分の生まれ育った環境にプライドを置く。

戦前から戦後まで、娘であるか妻・母であるか、と誰かの庇護の下にある姿がロールモデル化していた女性たちにとって、そのどちらとも言い切れない20代の独身時代は、前の世代の負の遺産を引き継ぐことなく、自由に設計できる時間だった。その分、何をしていれば安心だというほどの身の置き場がなく、プライドやファッション、生き方を象徴する言葉などの拠り所を見つける必要もあった。

そういう意味では、何かしらの指標となる雑誌文化と非常に相性の良い年齢であって、その後も「SPRiNG」や「Sweet[25]」、「AneCan[26]」や「Oggi[27]」「BAILA[28]」、ひいては「VoCE[29]」や「美的」など、ジャンルに厚みのある雑誌が刊行された。

現在でも、メジャーなファッション誌の多くがこの大まかに言って独身の20代女性に重きを置いているのは、彼女たちが何にでもなれる自由な存在であることが大きいはずだ。

女子中学生や女子高生向けの雑誌は一時期一世を風靡《ふうび》したが、彼女たちは所詮、多くが親の庇護の下にある娘たちであり、学生であるし、妻や母たちもまた、家族の大きな役割を担う。誰かの庇護の下にも入ることはできるし、完全に自由に自立してもいられる、そして大した責任感もなく、日常に忙殺されてもいない20代の女性たちは、ファッションに関して最も広く選択の自由を持っている。逆に言えば、女子高生雑誌の制服や、主婦向け雑誌の行事服のような縛りが一切ないため、何かしらの個性を選択しなければ、日々のワードローブを選ぶことができないとも言える。彼女たちは雑誌を求め、雑誌は彼女たちの自由さを愛した。

シロガネーゼにキャリアウーマン、そしてそのあいだ

女性向けファッション誌にはそれぞれ軸となる女性像があり、それが実際の読者とそれなりに乖離する場合もあれば、時代を経て幾度も転換することもある。それは多様で、雑誌の名前に「系」を付ければ、ファッションや人柄について話が通じるほど強固な場合もあるし、緩やかに包み込むような場合もある。そんな風に、各出版社の雑誌戦略と、街を

賑わす女のコの双方が主体となって作り上げていった多様な女性像は当然、現在の女たちの生き方をも大きく規定した。

ただ、実際は、JJやＶＥＲＹのように、ある種のゴールをはっきり見据えているような例は雑誌文化の中で、どんどん稀有《けう》なものにもなっていった。社長か社長夫人か、キャリアウーマンかシロガネーゼか、という雑誌文化の草創期に問われた女性の出世の選択は、その後の数十年の間に、社長でも社長夫人でもなく、その間の何か、というより細分化された大衆のあり方にとって代わられていった。それは「クロワッサン症候群」のような形でもあり、ＣａｎＣａｍがその後に提示した「めちゃモテＯＬ」のような姿でもあり、「ＧＬＡＭＯＲＯＵＳ」[30]や「ＮＩＫＩＴＡ」[31]路線と呼ばれた強さと色気の融合でもあるが、いずれにせよ、10年後の目標をはっきりと示すというよりも、極論を選択せずにいられる現在を、より輝かせて延長するような生存戦略であった。

社長か社長夫人かの終わりなき問いに疲れ出した女たちは、そのどちらでもない何かであり続け、またそのどちらでもない何かを追い求めた。その溝に多くの雑誌文化は育ち、東京にはシロガネーゼともキャリアウーマンとも名乗らない女性たちが、しかし主体性を持って溢れ出した。８０年代生まれの私も含め、今を生きる女たちの本当の問いは、社長にも社長夫人にもならずにいかにこの世界を生き抜くか、ということにあるわけで、その間にある無数のグラデーションの中を、どこかに比重を置きながら、どちらかに極端に寄ることもなく生き続けている。

　あるときには軽やかに多くの人の好感を誘うような女性像が、あるときにはクールな姉御肌のセクシーな女性像が、またあるときには文化を愛する不思議系の女性像が、雑誌によって支えられながら多くの女性たちの「なりたい自分」を支えたし、それらが同時多発的に起こることで自分に合った女性像のお手本を気軽に揃えることができたが、果たして上昇婚や社長への道のようなある種の「上がり」を見せないそれらのお手本は、同時に脆《もろ》さも内包していたように思う。それは、「上がり」のある極論以外の多様性や個別の道を尊重する一方、どこに行くのかを示さない意地悪さも持っていた。

　特に若年層に対する雑誌の求心力が弱まったと言われて久しいが、単純に他メディアの台頭とスマホによる紙メディアの衰退というのもやや退屈な議論だ。社長になるほどの熱意もないが、今さら社長夫人になるというのもどうにも気乗りがしない、というその溝にある気分こそ雑誌の入り込む隙だとしたら、今の女性たち各々がそれぞれはっきりとした目標に向かって歩き出しているからファッション誌のコピーを必要としなかったのだろうか。むしろ花嫁修業や職業婦人の限られた道を歩いていた頃よりずっとその道はだらだらと広く取り止めがない気がするのに？

拠り所のない自由さに取り残される女性たちの拠り所となることがファッション誌の担った役割だとしたら、その需要が後退したようには思えない。私たちは今も正当な出世の道などわからずに、社長と社長夫人の両方のいいところをちょっとずつ、それからその間にあるグラデーションの中にあるいくつかの魅力的な粒を組み合わせながら、モヤのかかった「自分らしさ」や「頑張る理由」を作り上げている。その粒の一つ一つはかつて雑誌で見つけたものだったけれど、今はより細かい粒しかないのではなかろうか。

結局、シロガネーゼを目指せという強烈なメッセージを信じるほどイノセントのままでもいられず、かといって、めちゃモテＯＬを10年続けられるわけでもないこともわかっている私たちは、徐々に雑誌のメッセージの脆さに気づいてしまったのかもしれない。雑誌が参照するほど、わかりやすい「正解」のロールモデルは現れず、社長や社長夫人に台頭するほどの「正解」のロールモデルを雑誌の側も提供しなかった。細分化してやや強烈さを失った雑誌コピーがハラハラと散っていく中、「正解」のない20代や30代を、私たちは生きることとなる。

二つの強烈な正解が示されるような世界はおよそ窮屈で、そんなものが女の成熟だとは言い難いが、何の正解もない世界は別の意味で生き難く、おそらく誰かが再び、もう少しシンプルだった選択を求めるときは必ず来るような気がする。そしてその強固なメッセージが強固に固まった後に、再びそれは細分化し、弱体化し、自由で生きづらい世界が戻ってくる。かつては何か新しい強烈な正解が示されるのではないかと期待していたこともあったが、この輪廻《りんね》こそが女のあり方なのかもしれないと、微妙なウェブ復刊や時々起こる雑誌の小爆発を見ながら最近思う。

１・集英社が１９６８年に創刊した女子中高生向け雑誌。ｎｏｎ‐ｎｏの妹雑誌にあたる。鈴木えみや西内まりやなど、専属モデル出身のタレントは数多いが、２０２１年10月号をもって月刊発行を終了すると発表し、話題となった。

２・１９７８年創刊のサーファー系ファッション誌。日之出出版が刊行している。男女双方向けファッション・情報誌と位置付けられており、サーファー・ブランドを好むギャルたちにも愛読された。２０１４年に大幅リニューアルし、ユニセックス色が濃かった誌面がメンズ誌となった。読者の年齢層もかつてより上昇し、ギャル色は一掃された。

３・佐藤卓己編『青年と雑誌の黄金時代』岩波書店、２０１５年

４・洋装の専門誌として戦前から現在まで続く老舗ファッション誌。文化服装学院創立と同時に同学院出版局が１９３６年に創刊。製図と作り方を掲載していたのが特徴で、家庭洋裁の全盛期を支えた。

５・文化出版局が「装苑」の増刊号として創刊し、２０２１年４月号まで刊行していた。

６・現在、日本最古の女性誌とされる、１９０５年に近事画報社（現ハースト婦人画報社）が創刊。

７・「ｎｏｎ‐ｎｏ」の上位誌として集英社から刊行されているＯＬ向けファッション誌。１９７７年創刊。８０年代から性に関するアンケート調査「モア・リポート」を実施するなど、セックスの話題を早くから取り入れた女性誌としても存在感を発揮する。

８・マガジンハウスから発売されている主にアラフォー世代の主婦向け生活誌。もともとはａｎ・ａｎの姉妹誌として１９７７年に平凡出版（現マガジンハウス）が創刊。桐島洋子らが執筆陣として参加し、結婚にとらわれない新しい女性の生き方を提案して

いた。結婚を拒絶したものの、出産適齢期を過ぎて不安に駆られる女性たちを「クロワッサン症候群」と呼んだ松原惇子の著作も有名。

9・　馬場伸彦・池田太臣編『「女子」の時代！』青弓社、２０１２年

10・　斎藤美奈子『モダンガール論』文春文庫、２００３年

11・　坂本佳鶴恵『女性雑誌とファッションの歴史社会学』新曜社、２０１９年

12・　上野千鶴子『増補〈私〉探しゲーム　欲望私民社会論』ちくま学芸文庫、１９９２年

13・　ａｎ・ａｎの好きな男ランキングで２００８年まで15年連続１位を取り続けた元ＳＭＡＰのメンバー。同ランキングはキムタクＶ15達成のまま、発表を終了してしまった。木村拓哉を省略した「キムタク」は、少なくともこの２００８年頃までは個人名を超え、イケメンやイイ男を気軽に例示する際の語呂のいいワードとして女のコたちのおしゃべりに頻出した。

14・　馬場伸彦・池田太臣編『「女子」の時代！』青弓社、２０１２年

15・　斎藤美奈子『モダンガール論』文春文庫、２００３年

16・　坂本佳鶴恵『女性雑誌とファッションの歴史社会学』新曜社、２０１９年

17・　小倉千加子『結婚の条件』朝日文庫、２００７年

18・　１９８５年にダイエーの出版部門として設立された誌名と同じオレンジページ社が発

行する主に料理レシピ中心の主婦向け雑誌。

19・主婦と生活社が１９９０年に創刊した主婦向けの料理中心の雑誌。現実的でやや所帯じみた記事も多かったことから、団地妻などを描く際にはよく参照された。２０１４年に休刊し、後継の雑誌として「ＣＨＡＮＴＯ」が発行されている。

20・大学時代にはJJ専属モデルを経て、タレントとしても活躍。父は三菱商事の重役で、人気絶頂だったサッカー選手三浦知良と結婚した。

21・厚労省人口動態調査を参照。

22・松原惇子『クロワッサン症候群』文藝春秋、１９８８年

23・ハースト婦人画報社が発行している女性ファッション誌。１９８０年創刊。誌名は仏語で25歳を意味し、８０年代後半にはお嬢様雑誌として知られたが、現在では25歳よりやや年齢層が上となる30代以降の読者が多い。

24・世界文化社が１９８８年に、「家庭画報」を購読する富裕層家庭のお嬢さんをターゲットとして創刊。その後はＯＬ向けの比較的健全なファッション誌となり２００２年には「ＭＩＳＳ」と改称。２０１４年２月号で休刊するまで、綺麗めなＯＬ向け雑誌として人気を博した。

25・宝島社が１９９９年に創刊した20代女性向けファッション誌。赤文字系雑誌に対して

青文字系雑誌の一つと数えられることもあるが、新宿ルミネなどに入居するブランドの扱いが多く、ニュートラルで女性らしい着こなしが若い女性から高い支持を得て、創刊直後には１００万部を超えるナンバーワン雑誌となった。毎月付録としてついてくるブランドとのコラボ小物が人気で、付録全盛期の牽引役とされる。

26・小学館が当時圧倒的売り上げを誇っていたＣａｎＣａｍのお姉さん版として２００７年に創刊し、２０１６年まで刊行していた20代後半から30代向けの女性ファッション誌。ＣａｎＣａｍで大人気を誇っていた蛯原友里や押切もえが専属モデルを務めた。

27・小学館から発売されている20代後半から30代前半のコンサバ系ＯＬ向けファッション誌。ＣａｎＣａｍが女子大生の間で大ブームとなり、比較的カジュアルな装い中心の誌面構成になっていったのに対し、綺麗めで大人っぽい仕事のできる女性という印象を強く打ち出していた。

28・集英社がアラサー女性向けに２００１年に創刊したファッション誌。芸能人などの起用も多い。

29・講談社の美容雑誌。「ＦＲａＵ」の美容版として１９９８年に創刊され、ＦＲａＵとほぼ同年代の20代以上のＯＬが主要ターゲット。コスメの各ブランド比較が好評なだけでなく、悩み解決法など他の美容雑誌に比べても個性的な企画が多い印象。

30・ＶｉＶｉのお姉さん雑誌として講談社が２００５年から２０１３年まで発行していた雑誌。創刊当時は大人ギャル系ファッション誌の印象が強かったが、海外セレブリティやモード界などの情報も充実し、やや派手目でかっこいい系女性の総合ライフスタイル誌として人気を博した。元ＶｉＶｉモデルでＧＬＡＹのＴＡＫＵＲＯの妻でもある岩堀せりが看板モデルとして活躍した。

31・男性ファッション誌「ＬＥＯＮ」がブームを巻き起こし、注目を浴びていた２００４年に同じ岸田一郎を編集長に据え、その女性版として主婦と生活社が創刊。ＬＥＯＮが作り出した「ちょいワルオヤジ」に対抗して、「艶女（アデージョ）」なる造語を生み出した。派手目で海外志向の高い女性向けという点でＧＬＡＭＯＲＯＵＳと比較されることもあったが、ＮＩＫＩＴＡの方がより高い年齢層に読まれていた。ＬＥＯＮと同様、キャッチーなコピーはテレビなどでも数多く取り上げられ、一気に知名度を上げたが、その分若干笑いのネタにされる傾向があった。

第3章 ◆ JJの誕生と大学のブランド

早稲田より慶應がおしゃれ？

週刊誌に「ヤレる女子大学生RANKING」[1]なんて無礼な形で名前を出された大学や、その表現に激怒した一部の運動家が署名活動を展開し、編集部が謝罪したのはすでに3年ほど前だが、このような形で、大学を本来の学業の専門性や講義の内容ではなく、通っている学生のイメージで色着けするという行為は、一般に長く根付いてきた。ひと昔前なら早稲田はバンカラでマスコミ系に強い、慶應はハイカラでビジネスに強い、青学や立教はおしゃれで女性人気が高く、法政や中央は泥臭く男性人気が高いなどなど。私が小学校と中学校だけ通っていた清泉女学院というところの大学は、都内の他の女子大学と並べられて、「学校のイメージをブランドバッグに喩えると」なんて特集に登場すると、エルメスやグッチが並ぶ中、「お母様の手作りのバッグ」とか書かれていて、それは幼心《おさなごころ》に地味でダサい気がしたが、それはそれで一つの「質素で無欲な」ブランドイメージと言えばそうだろう。

大学側が用意する研究設備や講師陣だけでなく、そこに集う学生がイメージを形成するのは、考えてみれば教育や研究の場である大学が、コミュニティや文化発信の場としての機能も兼ね備えている上に、旧制高等学校の時代などに比べて、偏差値や家柄でなく趣味嗜好の合う学校選びが可能という意味でも、健全なことではある。伝統や名声、大学進学率で勝負できない高校が制服の可愛さやスポーツ、珍しい単位取得システムなどで生徒を集めるのと同じで、新規参入がしやすい側面も生まれる。そもそも結構真面目な学生だって大学の４年間のうち、授業やゼミの占める割合なんて大して高くなくて、サークルで旅行に行ったり、スポーツや合コンに明け暮れたり、単館上映の映画を見尽くしたり、ｎｏｔｅにエモい文章を書き散らしてフォロワーを増やしたりしているわけで、しかも世界中の学者の話がインターネットを通じて聞ける昨今、こういう学生たちがいるコミュニティに入りたい、という動機の方が、こんな講義を受けたい、という動機よりも現実的には理にかなっているような気もする。

　早稲田に国際教養学部ができたり附属・系属校の一部が共学になったりしたことで、必ずしも「おしゃれな女性」が選ばない大学ではなくなり、むしろ文学や演劇などのイメージから早稲田こそおしゃれというイメージを持っている人も増えてはいるが、一定の年齢以上の人にとっては、慶應に比べると無頼派を気取れるような雰囲気がまだ残っていて、そこに誇りを持っている人たちというのも少なからずいる。ぼろアパートで個性的な友人たちと過ごす日々を綴った『ワセダ三畳青春記』[2]のような本が、「いかにも」と歓迎されるのは、そんな、よく言えばスノッブではない、悪く言えば無頼派気取りな学生たちが結構いたからであろう。個人的には、受験で訪れた際に学ラン姿のマッチョな応援団の人たちが学内の案内係をしていた印象が強い。

実際は、早稲田と慶應なんて併願率が高く、入試の相性しだいでどちらかに落ちたら受かった方に行くという学生も多いので、生徒個人個人のルックスや嗜好など、人による、としか言えないのはそれはそうだ。どんな大学にも美しい人もいればそうでもない人もいるし、生真面目な人も不真面目な人もいて、地味な人も派手な人もいる。慶應だって体育会がそれなりに盛んだから、学ランの学生もいる。高校であろうが会社であろうが、外から付加されるイメージというのは結構根強く残るもので、特に大学では顕著に見られる傾向にある。それは、地理的な問題などである程度チョイスが限定される高校や、そもそも職種や業種で最初にある程度絞れる会社に比べて、広範囲から自分の意思で選ぶのが主流であり、望む条件を揃えている大学が複数ある場合が多いからだ。美大や医科大など一部の専門大を除けば多くの大学に似たような名前の学部が並び、同じような偏差値であればどの大学に行っても得られる教養に大差ない、あるいは用意される授業をそもそもそんなに学生は聴いていない、と多分に信じられていることも関係しているであろう。

そんな大学のブランドイメージ作りを良くも悪くも担ってきた大きなものの一つに雑誌文化がある。読者層を学生に限らず比較的広義の若い女性としていたアンノンに比べて、女子大生向けの雑誌として堂々とデビューしたJJは、特に女性にとっての大学イメージ醸成に大きく加担した。創刊当初から、誌面に登場する読者の女のコの大学名を名前と並んで記載し、「JJ大学案内」といったキャンパスごとのファッションにフィーチャーした特集も長く連載していた。

そして、そこに登場する女子大生の大学名には偏差値とも大学の規模ともあまり関係性が見られない明らかな偏りがある。それは現在、多くの人が持つ「ちょっと前まではそういうイメージだった」というイメージをほぼ踏襲したものではあるが、中には、他の話題ではそれほど名前を聞かないけれどファッション誌ではよく目にする、といった規模の小さい女子大学なども含まれる。

当時の編集部の方針を極端に言えば、同じくらい綺麗でセンスがあっても早稲田の女子大生より「慶應義塾大の女のコ」。世間ではなんとなく持たれるイメージ程度であるものが、具体的な編集方針として存在していた。実際、一定の時期まで誌面には慶應や青学などの名前は頻出するが、早稲田や法政の名前は滅多に見ることがない。少なくともJJの誌面に載ることが目的なら、ちょっと家が遠くとも、目当ての学部に落ちたとしても、早稲田ではなく慶應を選んで入学するべきだったと言える。

そもそもの学内の雰囲気などは言語化し得ない部分も多いが、それにしても早稲田になくて慶應にあるものとはなんだろうか。例えば大学の場所は違う。東急東横線沿線の日吉《ひよし》（横浜市港北区）と港区三田《みた》に主要なキャンパスを構える慶應に対して、早稲田の大学名にもなる西早稲田や高田馬場《たかだのばば》は、目白の学習院にほど近い上に都心部に近くて便利だが、響きに山の手の印象がない。また学生数は慶應の約3万人に対して、早稲田は日大の次に多く4万人を超える。どちらにしても規模の大きい総合大学なのだが、早稲田の方がよりマンモスの印象は強い。学部に関して言えば、どちらも基本的に高校を卒業して四年制大学に入る者が学びたいと思う学科は揃っているが、大きく違うのは慶應には超難関の医学部があり、早稲田にはないことだ。ちなみに、その後JJ誌面で「外資系キャンパス」と呼ばれる類の学部に関しては、１９９０年に慶應の湘南藤沢キャンパス（ＳＦＣ）ができたのに対し、早稲田の国際教養学部は２００４年に設置されたので、国際化のイメージは慶應が先んじた。ちなみに私は２００２年にＳＦＣに入学したのだが、当時は同種の選択肢が早稲田になかったわけである。

それらの違いも多少の関係があるとしても、JJが断固として慶應を推していた背景に最も直接的に関係していたのは、附属校の差異である。女性の立場からすると、慶應には１９５０年から由緒正しき女子向けの附属校があり、１９９２年にできたＳＦＣは最初から中高共学であった。それに加えて、慶應には伝統的に附属の小学校である慶應幼稚舎があるため、お金に余裕のある良家の子女が小学校や中学校から通って大学まで卒業するという慶應ならではのエリートコースがある。

これに対して、早稲田の附属は言ってみればもう少し実力主義で、附属校と呼ばれる早稲田大学高等学院と早稲田大学本庄高等学院は、現在でも男子校の前者が中学から、共学の後者は高校のみで、こちらも２００７年までは男子校だった。早稲田実業などの系属校は現在では多くが男女共学になっているが、推薦枠があるものの、慶應の附属校のようにほぼ全員が大学に進学するスタイルではなく、そもそもやはり２０００年代までは男子校だった。小学校からあるのは早実のみで、それも２００２年にできたものだ。

つまり、JJが創刊された当時、附属校出身の女子大生というのは慶應にはいて早稲田にいない存在だった。そしてこの、私学の中学高校、下手をすれば小学校に通うような経済的余裕のある家庭のお嬢さんというイメージこそ、JJの創り上げる読者像と重なった。実際は慶應女子の生徒数なんて一学年に２００人もいないわけで、３万もいる大学生の中のほんのひと握りである。多くの慶應生は早稲田生の多くと同じように大学受験をせこせこ頑張って入学し、日夜バイトに明け暮れている。最近公開された映画『あのこは貴族』[3]には、生粋《きっすい》のおぼっちゃまの慶應生と、田舎者でキャバクラのバイトを始める慶應生が両方登場したが、どちらかというと多くの現実は後者寄りである。それでも、家族代々小学校から通っているような名家の子供たちがいる、という大学のイメージにJJは固執《こしつ》した。

　他に創刊時から頻出する青学や数多《あまた》の女子大学も、小学校から附属校を設置しているところがほとんどである。偏差値や地域にばらつきがあっても、その一点の繋がりがある大学群はJJの浮き上がらせたい女性像をより際立たせた。と同時に、ファッション誌に出ている学生が多い、ブランド品を持ったおしゃれな装いでキャンパスライフを送っている、リッチな学生生活、というように、逆に大学それ自体のイメージが出来上がるのにも一役買った。ちなみに、創刊時よりは平準化が進んでいたものの、JJ全盛期後半の

2002年に早慶両方を受験した私や近しい友人たちが共有していたなんとなくのイメージは、慶應の女子大生はコンサバが多い、早稲田の女子大生はサブカル系や個性派が多い、というもので、それらはおそらくJJが作り上げた印象をそのまま反復したものだったのだろう。

雑誌は自分のなりたい姿を提案したり、自分に○○系だとかこういうタイプだとかいう色着けをしたりするだけではない。その雑誌に含まれる誰かが規定されることで、外部のイメージを規定することもある。そしてその雑誌に含まれないことでイメージが作られた外側に、また別の雑誌が新しい名前をつけたり、マイナスイメージを別の価値観に置き換えたりすることもある。JJが是とした附属校出身のお嬢さんというある種の集団の外側に、お嬢さんに収まらない「個性的なファッションを好む女性」「映画や文学などカルチャーを好む女性」「男に見初められるためでなく自分の好きなモードを纏う女性」などが発見され、そうやってファッション雑誌乱立期の名づけ合いが広がったという側面があったのだ。

ここがニュートラ発信地

JJの創刊号である１９７５年６月号から、１９８２年12月号までの74冊（１９７８年４月までは隔月発売）のうち、実に53冊の表紙に登場するのが「ニュートラ」という言葉である。創刊号には大きく「特集　ニュートラ」とあり、初期には「ニュートラの教科書」（１９７６年2月号）、「ニュートラ派のための大カタログ」（Ⓐ、ちなみにこの号は表紙だけで4箇所もニュートラの文字が載っている）とニュートラの激推し状況は続き、その後も枕詞《まくらことば》のように「ニュートラ派のための」「ニュートラ入門」「ニュートラの基本」などの見出しが頻出する。

８０年代に入ってしばらく経つと、「ニュートラの先輩たち」（１９８２年1月号）、「ニュートラはどう変わるか」（１９８２年5月号）など、徐々に基本形であるニュートラからの発展を模索するようになるものの、JJの提案するファッション＝ニュートラというのは一時期までは完全に定着していたと言える。「オーソドックス・アイテムを、奇をてらわずに上品に着こなす」「お母様やおしゃれな先輩たちをお手本にしたさりげない服」

（1989年6月号特別付録「ニュートラってなに?」より）は、前衛的なDCブランドなどへのアンチテーゼとも言えるが、考えてみればギャル系女子高生やエビちゃんOL去りし後の令和ファッションのポリシーとそう遠くない感じもするのは不思議なところだ。とにかく、JJの魂はそんな言葉から始まった。

そして、そんな最頻出ワードとともに表紙を彩った言葉は他にもいくつかある。例えば「キャンパス」や「スチュワーデス」という言葉も初期のJJ表紙の常連で、これは読者層に女子大生が多いことや、当時の彼女たちの憧れの職業を考えると大変わかりやすいコピーではあ

Ⓐ「JJ」1976年10月号

る。この他、ニュートラが53回も登場したのと同じ時期にやはり10回以上登場した人気ワードの一つが「神戸」という地名だ。

実際、JJの表紙を含む誌面には地名が登場することが多く、もちろん東京（青山・成城・渋谷などを含む）は誌面上でもよく言及されるし、北海道や長崎などが旅行シーズンに合わせて局所的に紹介されることもあるのだが、神戸が東京、横浜元町とともにスナップでも必ず訪れるJJ的最重要都市の一つであることは間違いない。創刊号の「特集　ニュートラ」は、横浜・神戸・東京・大阪のスナップとお店ガイドを中心に構成されているし、ニュートラの文字が最も多く表紙に見えた１９７６年10月号の「ニュートラ派のための大カタログ」では、東京（マミーナなど）・横浜（フクゾーなど）・神戸（オックスフォードなど）の有名メーカー9社の秋の新作を、同メーカーを愛用するＯＬたちが着こなす特集が組まれており、ニュートラの発信地としてJJがこの3都市に注目していたことがよくわかる。横浜元町は、トラッド系ファッションメーカーの本店が多くあることから、「ハマトラ」というファッションジャンルを表す名前にもなり、神戸はJJに取材される女子大が多く存在した。

ネット通販や海外のファストファッションが主流となった現在では想像しにくいが、少なくとも９０年代まで、服は店舗で買うものであって、そしてその店舗はどこかしらの街にあるわけで、つまりファッションにはもっと地域性があった。どんなファッションを好むかという嗜好と、どんな街に生息するかというライフスタイルは今では考えられないほど密接な関係を持っていて、だからこそ現在ならネットでも駅ビルでも購入できるようなギャルブランドの品を買いに１０９に長《ちょう》蛇《だ》の列ができたり、名古屋駅前に全く判別できないほど似たようなファッションの女子大生が集まったりしていたわけである。だからファッション誌に、それぞれ象徴する地名があることには不思議はないが、ここにもまた大学と同じような、それほど根拠はないけれどもそこはかとなく生まれるブランド価値というものが根付いた契機はあるように思う。

　そして、附属校などに顕著なように親の収入や意思に左右されるとはいえ、少なくとも大人に近い年齢になってから選択的に入る大学と違って、出身地や居住地はさらに10代や20代前半の女性の実力とは無関係な、残酷なブランド価値ではある。

　コンプレックスやプライドというのは、価値観に一方向の矢印があるときに生まれるものである。何かの上に何かがあり、そのヒエラルキーの頂点に何か具体的な名前があるとき、上層にステイタスが生まれて、ステイタスのあるものにはプライドが、ないものにはコンプレックスが育まれる。背が高いとか低いとか、偏差値や収入が高いとか低いとかという簡単に数値化できるものはわかりやすいが、それぞれの固有名詞にも例えば江東区よりは渋谷区が、渋谷区よりは世田谷区がより上品な良家の印象があるという風にステイタスの積み上げが生まれることがある。そして固有名詞にブランド価値を与えるのは、多くの場合は雑誌などのメディアや流行語でもある。

これはともすれば差別や偏見を生み出し、同性間に上下関係を作り、妙なヒエラルキーがまかり通る異常なコミュニティを形成する危険がありそうにも思える。また、外から女を値付けする男たちに利用される一因にもなり得る。公園の母たちや駐在妻の中で、夫の勤め先によって派閥や階級ができたり、女子校の中で部活によるヒエラルキーができたりするのは、いかにも男が恐ろしがりそうな女の争いに思えるだろうが、合コンの店を女性の職業によって変えたり、特定の女子大に通う学生だけをサークルに誘ったりするのは男がその固有名詞のブランドを利用するわかりやすい事例でもある。

記号という名の服を着て

では、固有名詞のブランドを煽《あお》り、大学名や地名に特別な価値を与えていたJJ誌面は、結果的に女のコたちに息苦しい世界だけを提供していたと言えるのだろうか？　女同士の争いを煽り、醜い階級制度を作り、差別感情や偏見を醸成させただけだろうか？　そういった側面がゼロとは言い難いものの、実際はそう単純ではない。

以前、美容系のウェブサイトが、男性に「男は普通の27歳と美人の33歳、どっちと付き合いたい？[4]」といった類のアンケートをとり、それを記事化して炎上、すぐにお詫びと削除に追い込まれるという事件があった。確かにそんなアンケートは一見、女性を男性の欲望の対象物として扱い、ルッキズムを煽って健全な青少年育成を妨《さまた》げそうな匂いはするだろうが、実はこの種の組み合わせが設問になり得るということは、価値の構成要素がそう単純でもなければ、どちらが偉いかというのはそう一方向ではないということの証明でもある。

JJは大学、出身地、居住地、職業、ファッションなど、女性たちの価値を高める固有名詞を多く具体的に示したが、多岐にわたるブランドが示されるということは、何かで負けたときの挽回《ばんかい》が可能だということにもなる。前出の炎上したウェブサイトだって、本来は、若さこそ何よりの女性の価値だとされがちな恋愛市場で、40歳でも美しくあろうとすれば十分若さを負かすことができる、だからこの美容サイトで提供されるような情報をちゃんと実践して化粧品を買ってエステに通ってお金を使いなさい、ということを伝えたかったのであろう。それがいいか悪いかは別として、若さに勝てるものが何一つないというよりは生きる希望が湧く。

JJ的に価値があるとされる、附属校のあるような大学、美しさ、おしゃれの発信地、憧れの職業だって、個人の中で複雑に絡まり合って価値を生み出す。たまには、「神戸出身で目黒区に住んで慶應を出たエルメスの似合うＣＡ」のような、JJ的ロイヤル・ストレート・フラッシュみたいな女性もいるだろうが、多くの場合は、出身は田舎だけどステイタスのある大学に行っているとか、大学は男っぽい印象が強い早稲田だけど憧れの元町で働いているとか、そんなに美人じゃないけど流行に敏感で神戸で遊んでいるとか、何かの弱みを別の何かで補って、どこかで折り合いをつけながら自分の価値を作り上げて生きようと努力していたはずである。それは女性に限らず、「キムタクみたいなイケメンで貧乏な男と、ブサイクで低身長だけど高学歴で高収入な男」などと、やはり女性側から複雑に値付けされてきた男性たちにも言えることで、中高時代の非モテ経験を勉強で挽回して大学デビューする人もいれば、学歴コンプレックスを現在の収入で覆うようにして生きる人もいる。

固有名詞が用意するような安易な価値に惑わされず、自分の考えや姿勢の正しさに惹かれる人と繋がっていくのが素晴らしい人間関係だとは思うが、人間そうそう深く考えている暇もないので、そんなときに記号的な価値は便利でもある。そしてその記号が、他分野に分散していることは、何かのコンプレックスを何かのプライドで補うという点では、女性たちに優しい文化だと考えられなくもない。むしろ、ファッション誌的な価値やカルチャー分野での価値、スポーツが強いといった価値などがなく、大学の価値が平坦な偏差値ランキングで示されるだけの世界はつまらないだろうし、東大以外の全ての大学生がコンプレックスを持つことになりかねない。それと同じで個人が感じられる自分の価値が収入や偏差値など数字で表彰できるものだけになることを、ブランドイメージや固有名詞のレッテルが防いでいる側面だってある。だからこそ、そんな固有名詞が表紙に躍る重たい雑誌を、女性たちはお金を払って購入し、バッグに入れて持ち歩いたのかもしれない。

附属校のお嬢様？

同じような偏差値でともに都内にあるにもかかわらず、JJが長らく慶應に通う女子大生を好んで誌面に登場させ、早稲田に通う学生にはそれほど興味を示してこなかった理由の一つに、慶應には「附属校出身の女子学生」という、血統書付きの存在がいたということがあったとはすでに書いた。そして、初期JJの誌面に多く登場する大学をみても、青山学院大学、甲南女子大学、立教大学、共立女子大学、日本女子大学など、多くが附属の女子校（あるいは共学校）が設置されている場合がとても多い。相対的におしゃれに気を使う余裕のある高収入層が多いイメージや、小学校や中学校から私学に通うような良家のお嬢さんが多いイメージに価値を置いたからだろう。

慶應のように学生数が多いところは別として、大学自体の規模が小さいのに異様に雑誌で見かける名前というのもあって、そこには大学側の、学生へのメディア露出規制の有無も大きく関係している。「S女子大学」のような表記の場合は大学側が生徒に注意喚起していることが考えられるし、実際、２０００年代後半になって、それまでファッション誌への最頻出大学の一つだった甲南女子大学の名が読者モデルランキングから消えたのは、２００５年に大学からの制限がかかったからだと小林哲夫は指摘する。[5]「当時、甲南女子大には雑誌の読者モデルに登場、テレビのバラエティ番組に出演する女子学生が多かった。読者モデルになりたい、テレビに出たいから南女《なんじょ》（地元ではこう呼ばれる）に進みたい、という女子高生もいたほどだった。しかし、大学には卒業生から『はしたない』『ハデすぎる』『品がなく大学名を汚す』などのクレームが寄せられる。このこともあって、大学はメディアへの登場制限措置をとった」。その代わりに登場制限のない近隣の神戸松蔭女子学院大、神戸女学院大の存在感は高まった。

　確かに、考えてみれば、大学は一応腐っても勉強するところなので、雑誌でファッションや愛用ブランドを紹介しまくっている学生が多くいれば、あそこの学生は勉強していないとかバカで軽薄だとかいうネガティブイメージにも繋がる。ただ、偏差値でそれほど勝負できない高校が制服を刷新して生徒集めを狙うように、おしゃれで洗練された学生が多いというイメージを雑誌が作ってくれるなら、それに乗っかって大学としてもブランド価値を利用したいという、背に腹は代えられない事情もあるだろうし、その辺りは大学のジレンマなのだろう。JJをはじめ８０年代から９０年代の雑誌・テレビメディアは「良家のお嬢さん」を好み、そんなイメージの大学のそんなイメージの服を着たそんなイメージの学生を登場させてはいたものの、本来的な意味で本当の良家の欲のないお嬢さんは雑誌なんかでブランド自慢をしないという皮肉はかってもよく囁《ささや》かれたことである。

先に書いたように、いくら附属の小学校や中学校がある大学とはいっても、割合として内部進学者はそう多くはない。慶應のように高校からの系列大学進学率が非常に高い場合でも、大学の学生数と各附属校の生徒数の人数を見ればわかるように大多数は受験ないし推薦やＡＯ入試で入学している。附属校からの外部受

Ⓑ「JJ」1976年4月号

験が多い大学になればさらにその人数は減るし、そもそも附属校と言っても高校から受験で入った人もいれば、小学校からの生粋の内部生もおり、当然遡れば遡るだけその割合は低い。JJ誌面に登場した慶應生も青学生も甲南女子大生も、その多くが外部から受験勉強をして大学に入ってきただろうし、その多くが早稲田や中央や法政と併願していたとも想像できる。

そしてJJ的にその大学の良いイメージの根幹となるような内部生だってそう理想的な人ばかりではない。Ｇｏｏｇｌｅ検索などに大学名と「内部生」などの言葉を同時に入力すると、多くの場合に「うざい」「頭悪い」などのネガティブな言葉が予測検索ワードとして出てくることからわかるように、大学内部にも、附属校から上がった内部生と受験で入った外部生、さらにはスポーツ特待生などの間で微妙なヒエラルキーができることはしばしばある。桐《きり》野《の》夏生《なつお》が端的に描いたように[6]、大学に入れば一括りにされる内部生も、高校時代は「小学校組」「中学校組」「高校受験組」のような内部分裂の中で、それこそグロテスクな世界を生き抜いてきた場合は大いにあるし、大学に入ったら入ったで、実際は中学受験や高校受験の方が倍率も難易度も高いとしても、大学受験を経験していないという理由で不当にバカ扱いされることもある。JJ的偏差値が抜群に高いような存在ですら一枚岩ではない上に、荒々しい現実の中に複雑に存在する。

結局、趣味の良い母親の大切にしているブランド品をお下がりでもらい、お姉ちゃんや高校の先輩のおしゃれを真似するニュートラ予備軍の慶應生も、「青山学院大学近くのカステリーナ」（1976年4月号掲載・Ⓑ）で同級生とおしゃべりするお嬢様青学生も、ほとんどが想像上の生き物、ある種の幻想でしかなかった。幻想だからこそ、どんな境遇の女性にも追いかけることができる。その幻想の運んでくる印象を、特定の着こなしやメーカー製品を取り入れることで自らも身に纏うことができるという、二重の幻想を、読者たちは愛した。

女王様は読者モデル

読者モデルという言葉が当たり前に通用するようになって20年以上経つ今でも、その定義というと実は結構曖昧である。益若《ますわか》つばさ[7]や小森純[8]、あるいは人気読モがユニットを組んでいたＪＡＭ[9]、あるいは元若乃花夫人の栗尾美恵子[10]など、世代によって読者モデルと聞いてパッと頭に浮かぶ名前はあっても、その裾野がどこからどこまで広がっているのかを説明するのは難しい。すでにモデル・プロダクションや芸能事務所に入って、バラエティ番組の常連となっている藤田ニコル[11]や鈴木奈々[12]も、時折カリスマ読モというような呼ばれ方をするし、元読モと言われることもある。逆に、JJのキャンパス訪問の記事に一度だけ出たことがある人が読モと自称することはできるのかとか、ギャル雑誌の街角スナップの常連は果たして読モなのかとか、人によってその峻別《しゅんべつ》にはやや差がありそうなものである。

実際にそう呼ばれる人と乖離しないように定義付ければ、誌面に掲載する「肩書き」のある人が読者モデル、名前だけで登場するのがプロのモデルと言って差し支えはなさそうである。大きく写真が掲載される人もいれば、小さい場合もあるが、読者モデルは誌面上では名前の後ろに括弧付きで年齢と肩書きが付け加えられている。この肩書きにある固有名詞（大学名や地名、職業）をいち早く敏感に精査し、読者を差別化しようとしたのが、慶應や神戸、スチュワーデスなどを好んで採用したJJだと言える。

実際に肩書きがなく、雑誌の専属モデルやプロダクションに所属するモデルになってしまえば、概念的には読者モデルの括りからは外れるが、読者モデルが持つ独特の響きや親しみやすさを失わないために、あくまで「読モ」としてタレント活動をする人もいる、と考えておけばそれほど間違いはなさそうだ。確かに、パリコレのランウェイを歩くような「スーパーモデル」の持つやや高飛車で一般人から遠く離れた響きに比べて、「読モ」の持つどこか素人っぽい響きはよりお茶の間に浸透しやすい。

２０１９年に、JJ全盛期に神戸発の代表的な読者モデルだった小川淳子さんの訃報《ふほう》を聞き、２０００年5月号から始まった「淳ちゃん玲ちゃん」という連載を思い出した人も多いのではないだろうか。もともとは神戸女学院大の学生であり、エリアも大学もJJ的女性偏差値の極めて高い読者であった彼女は、JJ誌面で得た知名度と定評のあったおしゃれセンスを武器に、「Ｃｈｅｓｔｙ（チェスティ）」というブランドを立ち上げ、フェミニンなスタイルで多くのファンを獲得した。読者モデルで知名度とセンスを磨いて自身のブランドを立ち上げるという、その後多くの山っ気のある女子大生の夢となった人生の草分け的ロールモデルだった。

実際、彼女たちの生き方に憧れてモデルからブランドプロデューサーを目指す女性は多く、そうやって生まれたブランドで今でも学生やＯＬから根強い支持を受けているものもたくさんある。当然、雑誌によって読者の職業やファッションスタイルには特徴があるわけで、その雑誌の人気読者モデルが立ち上げたブランドとなれば、彼女のファンである雑誌読者を最初の顧客として獲得できるメリットがある。「小悪魔ａｇｅｈａ」[13]のモデルだった武藤静香が立ち上げたＲａｄｙや、ＶｉＶｉによく登場したカリスマショップ店員の松本恵奈《まつもとえな》が立ち上げたＥＭＯＤＡなどは、雑誌読者をそのままブランドのファンとして根こそぎ獲得した好例だろう。

　この他、読者モデルで知名度を上げてその後俳優業やプロのモデル業に転身した妻夫木《つまぶき》聡《さとし》や押切もえも一つのロールモデルだろうし、アナウンサーの中野美奈子や秋元玲奈《あきもとれな》はJJなどの誌面に登場する有名女子大生だった。「読モ」のままテレビタレントとして活躍を始め、のちに多くのバラエティタレントよりも露出が多くなった藤田ニコルやＪＯＹの登場後は、タレントへの活路を開くためにまずは読モを目指すという高校生も増えた。雑誌の代表的な読者像を示す重要なポジションではあるものの、あくまで「モデルとしては素人」「本業は別」である読者モデルは、プロのモデルに比べて被写体としてのプロ意識や体型管理などにそれほど敏感にならず、訓練などを省略できるため、目指す第一の関門としてそれほど心理的ハードルは高くないし、モデルや女優志望と言って身の程知らずと思われるような不安を感じずに気づけば有名人になっているという点では、現在で言えばインスタ有名人やインフルエンサーに通じるずる賢さもあったのだろう。

ストニューやギャル雑誌ｅｇｇの初期など、巷《ちまた》の高校生のリアルをある種のジャーナリスティックな視点込みで切り取ろうとする雑誌も存在した。その場合、読者モデルは雑誌コンテンツのほぼ全てであり、まず彼らのリアルがあって、それを追いかける形で誌面が出来上がっていくという構造である。ただし、JJをはじめとする多くのファッション雑誌にとっては、まず街のリアルがあるというよりは、雑誌のコンセプトが先にあって、そこにハマる読者像を街の中から探してくるというニュアンスが強かった。この雑誌を読んでいるとこういう女性になれる、この雑誌が似合う女性はこんな人です、というカラーを示すのに、読者モデルの役割は大きい。プロのモデルが表紙で見せつけるものがその雑誌の提案する外見的な魅力だとすれば、読者モデルが示すのは生き方や生活も含めた、その雑誌の提案する女性像だったとも考えられる。

例えばJJの１９８２年８月号の特集「神戸の新しいエレガンス派たち」では、神戸の女子大に通う５人の学生読者が、最近のワードローブを５〜６コーディネート紹介するのだが、実名と大学名、年齢付きで登場する彼女たちが自分自身でファッションの変化や気分を解説する。

甲南女子大４年の女性は「大学へ入ったころは完全なニュートラ。そのシンプルさが気に入っていたけれど、着るパターンが決まってきてしまったのでエレガンスに転向。少しずつ冒険した着方をするようになりました。どこかお嬢さんらしさを残したいので、ゴールドのアクセサリーやラメものを使って上品さを出します」。また別の神戸山手女子短大2年の女性は「オーソドックスな服ばかりだと、型にはまって精神的にもパターン化されそうなので、去年の夏に卒業。ハワイのラフな服をきて、そのラクさに感激。クレージュは妹に譲り、今はブランドにこだわらず、自分らしさの出る服を見つけます」。

こういった、生活に根付いたファッション選びのコツは、一般人と違う生活が予想されるようなプロのモデルにはできない、まさに優秀な読者の実例研究なのであり、末端の読者でも明日から取り入れられる程度に身近なものであった。梅宮アンナが表紙を飾り、JJの歴史の中でも比較的プロのモデルの人気が高かった１９９５年のJJでも、誌面前半で豪華な購入アイテムやお気に入り小物を紹介する梅宮アンナや武田久美子の特集が組まれる一方で、国際線スチュワーデスが海外でのブランドバッグ購入について語ったり、韓国旅行帰りの甲南女子大生が現地でのお買い物を値段付きで報告するページも存在する。そして実践として真似されるのは圧倒的に後者の方だった。

「ヤレる」大学と「お嫁さんにしたい」大学

読者モデルを通じてファッション雑誌が理想形を作り、偏差値や学部数など世間的な数値とはまた別の価値を見出し、ブランド化さえした女性の通う大学名は、言ってみれば男性から見たときの根拠のないイメージに基づいて形成された。そして女性誌的観点で女性にとってブランド価値が高い大学、と言ったときには、それはすなわち男性から値付けしたときの女性の価値のことを言っていて、女性の内側から生まれる「憧れ」や「尊敬」を指していたわけではない。現代的な目線に置き換えれば性差別的な物差しに思えるが、そのとき多くの女性たちの「憧れ」は男性による値付けが高いことと一致していたのもまた事実だ。

「ヤレる女子大生ランキング」が炎上したのは、一つにはＴｗｉｔｔｅｒなどを通じたネット抗議が活性化し、ハッシュタグやネット署名で運動を広げる新しい時代のフェミニストたちが力をつけたからだろうが、もう一つは「ヤレる」といういかにも女性を受動的なモノ化したような扇情《せんじょう》的で下世話な見出しが目を引いたからだろう。JJにかつて連載されていた「JJ大学案内」[14]は、第一に女性向けである点、第二に下世話な言葉で煽っていない点で週刊ＳＰＡ！の特集とは対極にありそうにも見えるが、実際のところ両者の根底に流れる水は似た匂いがする。

小林哲夫は著書の中でこの「JJ大学案内」の中の、東京女子大「今すぐお嫁に行けちゃうほど料理の腕がすごい」、関西学院大「カレは同い年&同学部で見つけるコが多数」などの文言を取り上げ、「旧態依然な発想がしばしば見られる。『女子は男子の前でこう振る舞うべき』『すてきなお嫁さん』というフレーズがマニュアルっぽく語られ、保守性を感じてしまう」と論じる。[15]小林はその上で「読者モデルとして自己表現を追求し、それを社会にさらす姿は、社会と向き合っているといっていい」と見解を展開するのだが、実際、取り上げられた文言に代表されるような、あくまで印象論としての「大学案内」は、花嫁養成所としての大学の評価にも取れるし、男からの値付けのようでもあるのは事実だ。

「ヤレる」と「お嫁さんにしたい」は、対《つい》になっている。女を本妻用と愛人用に仕分けるような男の側からの分断であり格付けでもあり、同一人物がしているレッテル貼りだと言える。男性記者の書いた「ヤレる」が問題視されたのはその言葉の中に、本命の恋人や結婚相手として付き合うのではなく、一晩のお相手として後腐れなくセックスができる、という、女にとってはあまり喜ばしくない響きが混入されていて、性差別＋不名誉なレッテルになっていたからで、「お嫁さんにしたい」というような本命の相手としての値付けの方であれば、10年も前ではない女性ファッション誌が歓迎していたわけである。

JJの誌面には、素敵なお嫁さんになるための布石が割と悪びれずに掲載され続けた。「マダムになったOGたち」[16]が特集され、「神戸［お稽古ごと］事情」[17]で注目されるお稽古ごとは「家でのおもてなし」「神戸伝統の味覚」「お菓子教室」「英国式マナー」「芦屋の家庭料理」と、まるで戦前の良妻賢母教育発展型という感じのコンテンツであり、「一流企業人気独身男性『アドバイス集』[18]」では「いい意味での〝職場の花〟的な大らかで明るい女性」や「忙しくても愛嬌を忘れず、仕事もできる。そんな女性が最高」「オシャレにも心配りをしてほしい」などと、要約すれば職場で可愛がられ、モテていい男をゲットして、いき遅れずに結婚するにはどんな女性像を目指すべきかが、何様的な男たちの助言によって詳《つまび》らかにされる。

逆にその誌面では、性的な話題は意識的に回避され、露骨にセックスを匂わすような記事やファッションが掲載されることはなかった。つまり「本妻にしたい」の対極にある

「ヤレる」雰囲気をとことん排除していたわけで、片方に「ヤレる」女、別の片方に「本妻にしたい女」を配置するという、一時期まで支配的だった男性視点の女性の仕分けを忠実に守っていたのである。これはａｎ・ａｎやＭＯＲＥなど他の女性誌が、女性視点でセックスの話題を積極的に組み込んでいったこととは対極にある。おそらく多くの若い女性にとっては大きな関心事の一つであるセックスの話題を捨ててまで守ったのが「ヤレない」イメージ、「本妻」になる女性たち＝「本命彼女」のイメージだったのだろう。

それもそのはずで、女子大生向けファッション誌は女子大生（四年制及び短大生）の増加によって興隆したわけだが、その前兆となる高度成長期の女子学生の急増（女性の高校進学）を支えたのはＯＬから専業主婦になるという当時の出世コースであって、大多数の女子学生の将来設計図にあったのは何も生涯労働に身を捧げる姿ではない。

斎藤美奈子はそのときの女性の動向について、①女子の高学歴化、②未婚女性のＯＬ化、③既婚女性の主婦化と整理する[19]。農家の嫁や女中、女工にならず、まずは高卒になって「きれいなお仕事」（女性の事務職員、要はＯＬ）に就くというモデルコースがみるみる確立し、さらにその中から一部のエリート女性が大学にまで進学するという構図ができつつあった。しかし、当時の大学はまだまだ保守的なおじさん教授たちが「結婚のための教養組が、学科試験の成績がよいというだけで、どしどしと入学して過半数を占め、その数だけ、職がなければ落伍者になるより他ない男子がはじき出されてしまう」[20]なんて言って女学生をド直球で疎《うと》ましく思っていた世界。そこで女性の生きる道として短大ブームが押し寄せる。男のためにあった四年制大学に行くデメリット（婚期が遅れる、男性と接触するなど）を排除した短大を与えられることで、女性の大学進学率はどんどん上がる。

つまり、女性の高学歴化はもともとは何も輝かしいキャリア志向に支えられて進んだのではなく、主婦への布石というキャリア形成を一旦受け入れることによって強力に押し進んだので、きょうび大量にいる女子大生の起源はいずれはＯＬからの主婦を目指す女性たちだった。当然、そこには女性に椅子を奪われないようにしつつ、戦時中と違って女性の労働力を必ずしも必要とせず、むしろ家で自分の面倒を見る主婦を欲しがった男性側の思惑によって押しやられたポジションではある。斎藤はこのＯＬ↓主婦というコースに乗るための、女子の高校↓短大への進学について「花嫁学校といわれようが、腰かけＯＬと陰口を叩かれようが、それは本人も親も学校も企業も結婚相手となる男たちも了解ずみのこと。それが『女の出世コース』なんだから、当たり前である」とまとめる。そこから、高度な教育を受け、知恵や専門知識をつけ、男性と肩を並べて腰掛けではなく働くようになり、時には男性よりも出世し、社長にも都知事にもなるようになったのは女性たち自身が切り開いた道である。

いわゆる保守的な思想の中に留まらず、さらに先端を行く思想はすでにそのときというか、遡れば戦前の第一次女性誌ブーム（「婦人公論」の創刊が１９１６年、「主婦之友」が１９１７年）からあったし、さらに遡れば平塚らいてうの文芸誌「青鞜《せいとう》」[21]の頃からあったわけで、最も血飛沫《ちしぶき》の上がる前線で切り開いた先人たちに今改めて敬意を示す女性たちはネット・フェミニズムブームの中で増えている。ただ、一部の超エリート女性たちの運動であったその流れとは別に、花嫁学校の名の通りに今でいう女子力を身につけ、ＯＬとなって職場の花となり、結婚して家庭を守るという、当時としては最先端であり大多数の女性たちがたくさん存在した。そして彼女たちなりの幸福追求の中で、今も生きている女性たちのファッションや憧れの大学、憧れの職業などの文化は生まれた。そして彼女たちに寄り添い、その文化形成に一枚も二枚も噛んでいたのが女子大生ファッション誌であった。

「ヤレる女子大生」が大バッシングを受けたのは、女性の自我の確立を目指してきた先端組からすれば大変女性蔑視的であるという意味で、主婦を目指す中で幸福追求をしてきた大衆組からすれば妻として選ばれずセックスの相手だけさせられるという意味で、双方から大変嫌われたからだと言える。

女のコたちのアンビバレンツ

比較的保守的なイメージが強かったJJであっても、2000年代に入り、2010年代に入ると徐々に、従来的な主婦を目指す女性像以外のロールモデルを模索するようになる。2010〜2011年頃には、それまで女子大生の読者モデルとプロのモデルで構成されていた誌面に、「おしゃP」（おしゃれプロデューサー）と命名された、より主体的にファッションを発信する女性たちが登場し、彼女たちが立ち上げたブランド「MURUA」や「EMODA」「Ungrid」などは現在でも若者からの支持を得ている。提案するファッションのみならず、自分のクリエイティビティとプロデュース能力で道を開いて成功を掴む彼女たちの姿は、新しいミューズとして誌面を大いに盛り上げた。こうなってくると附属校のある大学名の価値などはだいぶ影が薄れる。ショップ店員や読者モデルから出世する形でおしゃPになっていった彼女たちは、大学ブランドや地域ブランドに頼るというよりは、自らの存在を、そのスタイルを支持する女性たちの間でブランド化していった。

誌面に登場する大学も多様性を帯びていく。女性向けの附属校がなくとも、学生数もおしゃれな人の数も多かった早稲田大の登場回数も増え、「外資系キャンパス」という切り口でＩＣＵ（国際基督教大学）、ＳＦＣ、上智大、早稲田の国際教養学部などが脚光を浴びた時期もある。別にＩＣＵ以外は外国資本なんてほぼ関係ないので、これもブランド化するための呼称にすぎないが、特徴としては帰国子女や留学生が多く、すなわち日本旧来の価値観とは一味違った女性たちがいるという印象が強い。

２０１４年10月号（Ⓒ）では「ママの時代と、私たちの時代。」と銘打たれた特集が組まれる。内容は、「ママが専業主婦だったから、私も子どもが出来たら自分の手で育てたい」「結婚したら、私もママみたいに家庭第一で暮らしていきたい」というような読者の声を、「ママと仲良しのJJガールたちはこう話すコがとても多い」と紹介しながら、ママ世代へのインタビュー、専門家による「時代は大きく変わっているので、現実を見据えたライフプランを」というアドバイス、仕事と育児を両立させている「素敵な先輩２名」の話で構成し、JJ読者に時代に対応した変化を示唆するものであった。２０１９年12月号になると、「私たちの明日を変える53人」と題して、起業家、タレント、写真家など、自己実現を叶えながら仕事で成功を掴む現代女性に詳しく取材した大特集さえ組まれるようになる。

コンサバ系からベーシックを経てファッションもカジュアル化の一途を辿り、「ニュートラ」や「エレガンス」「令嬢」などの文字の代わりに表紙には「カッコいい女」などの文言が頻出するようになった。月刊の最終号となった２０２１年２月号（Ⓓ）の表紙にあるのは「JJモデルたちの『カッコいいオトナ』への決意表明」というコピーである。かといって、時代の変化や女性の選択肢の拡大に対応したファッション誌の変化はそうシン

Ⓒ「JJ」2014年10月号

プルなわけではない。最終号でも２０２０年のミスコンでグランプリや準グランプリに選ばれた女性たちの素顔を紹介するなど、かつてのJJらしい女子大生イメージを踏襲する特集は健在だった。

それは、高度成長期からバブル期にかけた専業主婦コースの攻勢から、ネットで気軽にフェミニズムにアサインする今日まで、時代の潮目が変わっても、女性の中には男性に選ばれるような可愛い女でありたいという欲望と、新しい時代を生きる自立した強い女性でありたいという欲望が常に混在している様とよく似ている。女性個人個人でその塩梅が違い、また個人の中でも気持ちが揺れ動く中で、かつての王道コースに全力で寄り添った

Ⓓ「JJ」2021年2月号

JJも揺れ動き、模索しながら分裂していく。社長にもなれるし社長夫人にもなれるし、そのどっちにもなりたいし、多くがそのどっちにもならずに己の道をなんとか探し当てる、という現時点において、さらに言えば、論壇ですら保守とリベラルの二項対立など随分前に無効になった複雑な時代において、かつて、最先端ではないけれども最も数的なインパクトを持った女性たちの頂点を示し続けた雑誌は、徐々に役割を終えつつあったとも見ることができる。

　現在の女子大生にホンネのインタビューをして飛び出すのは自己実現や自立、ジェンダーにとらわれない成功への夢であって、「素敵なお嫁さん」なんていう言葉ではないだろう。しかし、実際には東大や日大というと合コンではウケが悪い、神戸女学院や慶應と言えばモテる、というようなブランド価値は今もどこか健在なところがある。それは、男性側の妄想込みの印象を起点に女性たちの道標《みちしるべ》となったJJなどの女性誌が強固にしてきたもので、前時代の残り香にすぎないというにはあまりに密接に女性たちの正直な欲望と繋がっている。それはある意味当たり前で「素敵なお嫁さん」神話が壊れたとしても、「素敵な人と愛し愛される」恋愛神話やいつかは結婚したいという結婚願望自体はそれなりに色濃く残っていて、それは「男性に選ばれる」というJJの根底にあった願望と無関係ではいられないからだ。無関係どころか、養ってもらう・その人のための家庭を作るという結果が違っても、願望自体は限りなく似ている。

男性視点で自分の価値を決められたくないという意思と、好きな男性と良いパートナーシップを結びたいという意思は、今日の女性の中に当たり前に両立する感覚だが、実際はギリギリの矛盾を孕んだ厳しいものなのだ。カッコいいオトナと大学のミスコンが混在する終焉《しゅうえん》期のJJの模索は、その矛盾を大きく反映したものだったようにも見える。

1・「週刊ＳＰＡ！」２０１８年12月25日号「ヤレる『ギャラ飲み』実況中継」特集内
2・高野秀行『ワセダ三畳青春記』集英社文庫、２００３年
3・山内マリコ原作。門脇麦・水原希子のダブル主演で東京テアトルにより２０２１年２月公開。
4・美容雑誌「ＶｏＣＥ」（講談社）のオフィシャルサイト。２０１７年６月。
5・小林哲夫『女子学生はどう闘ってきたのか』サイゾー、２０２０年
6・桐野夏生『グロテスク』文春文庫、２００３年

7・2000年代半ばにギャル系ファッション誌「Popteen」に読者として私服で登場した後、看板モデルとして活躍。その後は美容グッズのプロデュースやテレビタレントとして人気を集めた。

8・2000年代から「Popteen」や姉妹誌の「PopSister」でモデルとして人気を集め、タレントとしてバラエティ番組でも活躍したが、2012年にオークションサイトの虚偽の宣伝記事をブログに掲載したとして一定期間活動を自粛していた。

9・「JJ bis」「ViVi」の読者モデルだった3人で2003年に結成され、アイドルグループとして活動した。読者モデルの全盛時を説明する文脈以外ではあまり名前を聞かない。

10・現在では花田美恵子として知られる。1969年生まれ。「Olive」の読者モデルを経て専属モデルとなった。しばしば元祖読者モデルとして紹介される。

11・「nicola」専属モデルを経て「Popteen」のモデルとなった。その後はテレビタレントとして人気を博し、2017年には「ViVi」の専属モデルとなった。

12・2000年代後半に「Popteen」で活躍し、テレビに活躍の場を移してからはその特異な元気キャラでお茶の間に絶大な人気を誇った。

13・ギャル誌「Ｈａｐｐｉｅ ｎｕｔｓ」の特別号としてインフォレスト社が創刊したキャバクラ嬢系ファッション誌。２００６年から正式に月刊化した。キャバ嬢を主要な読者として想定しただけでなく、誌面に登場するモデルたちもその多くが現役のキャバ嬢で、それまでどちらかというと世間的には隠して働く仕事だったキャバ嬢を、若い女のコの憧れの職業ならびにファッションアイコンとして捉え直した。歌舞伎町のキャバクラを中心とした姫系キャバ嬢などのブーム火付け役でもある。人気モデルとして活躍したキャバ嬢たちはキャバクラで成功するだけでなく、人気ブランドを立ち上げたり、ネイルサロンのオーナーになったりとビジネスで成功している者も多くいる。キャバ嬢たちのファッションに注目するだけでなく、日常生活や心の闇に迫った特集など独自の誌面構成で全盛期には40万部という発行部数を誇ったが、初代編集長退任後に勢いを失い、２０１４年に休刊。その後は発行元を変えて復刊や休刊を繰り返している。

14・「JJ」２０１３年1月号〜２０１４年10月号

15・小林哲夫『女子学生はどう闘ってきたのか』サイゾー、２０２０年

16・「JJ」１９９５年10月号

17・「JJ」1999年5月号

18・「JJ」1988年10月号

19・斎藤美奈子『モダンガール論』文春文庫、2003年

20・斎藤美奈子『モダンガール論』より暉峻康隆「女子学生世にはばかる」の引用（「婦人公論」1962年3月号）

21・1911年に平塚らいてうが中心となって創刊した。アナキストとして有名な伊藤野枝が後に参加し、中心的な役割を担った。しばしば日本のフェミニズムの原点という扱いをされる。

第4章 ♦ 女子高生と雑誌

赤文字予備軍だった女のコたち

後に４大赤文字系雑誌と呼ばれる「JJ」「ＣａｎＣａｍ」「ＶｉＶｉ」「Ｒａｙ」[1]は、主に女子大生や20代前半のＯＬを読者層としていたため、女性ファッション誌の種類に厚みが出てきてからは女のコにとってのファースト雑誌、つまり初めて購読するファッション誌ではないことが多かった。２００２年に大学に入学した私自身も、高校生時代はJJやＶｉＶｉを手に取ることこそあれ、メーンで購読していたのはｅｇｇなどのギャル雑誌であり、大学生になってから本格的に赤文字系雑誌全般を読むようになった。今でこそモデルでタレントのゆきぽよなど、20歳を過ぎたギャル系ファッションのモデルは珍しくないが、当時は代表的なギャル系雑誌というのは基本的にその対象を女子高生に絞っており、それは２００６年に月刊誌になった「小悪魔ａｇｅｈａ」がキャバ嬢を対象として姉ギャルファッションを提案するまで続いた。

つまり、ギャル系ファッション誌を好んで読んでいた当時の女子高生たちは、高校卒業と同時に購読する雑誌を変えるのが一般的で、その多くの受け皿となったのが赤文字系雑誌だった。赤文字系雑誌の中でもＶｉＶｉは特にその接続部に位置し、比較的早い段階から読者層を若めに絞り、ファッションをややギャルテイストのあるカジュアルなもの中心に舵を切っていた。そのため、高校生と大学生の端境期にはＶｉＶｉを読んで、大学生が板についてくると、JJやＣａｎＣａｍなどの本格的な赤文字系雑誌を購読するようになる、というのがごく一般的なギャル系高校生の「ギャル卒業後」の雑誌遍歴となった。もちろん、赤文字系雑誌を読む大学生のことを知っていくと、高校生時代から女性らしくコンサバティブなファッションを好んでいたという順当な場合も多いのだが、かつて派手目なギャルだったという者もかなり多い。そしてこれは、見方によっては奇妙な接続でもある。

ギャルファッション誌が比較的ハイブランドを好んでいた頃から、愛用ブランドこそ一部重なる部分があったとはいえ、男性目線を臆《おく》せず取り入れて素敵な男性に選ばれること、結婚を頂点とする幸福レールに乗ることを思想の根幹としていた赤文字系雑誌と、男性目線を排除して自分らが楽しいファッションを好んでいたギャル雑誌は、人生に対する態度としては相容れない。確かに、個性派雑誌に比べてギャル系雑誌は肌の露出などセクシー路線のファッションがあったり、男性との恋愛やセックスの話題が誌面上の企画として頻出したりする傾向はあったが、それこそ「ヤレる」と「本妻」の対比であれば明らかに「ヤレる」印象を強くするものであって、男を誘惑することこそあれ、男に選ばれることと、本妻として見初められることを意識したものではなかった。そんな文化の中で育った私たちが、すんなりJJの「本妻」志向やＣａｎＣａｍの「めちゃモテ」志向を取り入れていくというのは考えてみれば不自然なのである。

そういう意味で「ギャルは卒業」と当時の高校3年生が口々に言っていたのは、何も若々しいファッションを卒業するというだけではなく、男性目線から自由でいられる猶予《ゆうよ》期間の終わりを意味していたのかもしれないと思う。かつて高校生に限定されていたギャル文化が、後に男に選ばれて結婚していく予感の中で、最後のレジスタンス的な表現だったというのは極論だろうが、少なくともそういった刹那《せつな》的な熱狂があったのは確かだ。そう考えると、男に選ばれる結婚という幸福路線が解体されていくと同時に、ギャルファッションが高校生に限ったものでなくなっていった経緯も多少理解ができる。

それに対して、後に青文字系と呼ばれるようなストリート系カジュアル・ファッションに接続する女子高生たち、当時は個性派と呼ばれた「ＣＵＴｉＥ」や「Ｚｉｐｐｅｒ」の読者たちが、比較的高偏差値の学校に偏っていて、映画や文学などのカルチャーへの興味が高かったことも、そういった視点から考えるとやや合点《がてん》がいく。刹那的で勉強や社会情勢への興味が薄い印象が強かったギャルたちが、後に男に選ばれる赤文字系雑誌に流れていくのに対して、個性派女子たちはあまり赤文字系に転向しなかった、つまり男に選ばれるという思想を取り入れていかなかった。好きな格好をするのを高校生の期間に限ることなく、その後もストリート系ファッションやモード系ファッションを貫くためには、男の庇護の下に入らなくても自立して生きていくための文化教養や学歴を必要としたとも考えられる。

もちろん単純に、若さゆえの傍若無人《ぼうじゃくぶじん》というものはある。10代のファッションというのは多くの人にとって後から考えると赤面するような極端な特徴を持ちやすいし、就職活動や合コンなど、ＴＰＯに縛られる20代に比べて自由の幅は広い。それでも、肌の黒さや極端な肌の露出、派手な色使いや気の強い印象のある細眉など、守るべき本妻という印象からかけ離れたところで盛り上がったギャル系雑誌のファッションが、ある意味正反対の思想を持つ赤文字系雑誌に接続していった様相は興味深い。

それでは、かつてのそんな女のコたちにとって、高校時代と大学生以降の振る舞いというのは全く独立していて、似たようなところがないかというとそうでもない。雑誌の思想は変わっても、雑誌を自分たちの生活の中でどう位置付けるか、という行動様式は、すでに女子高生時代に学ばれていたようにも見える。そして、JJが女子大生たちに一種の指標を提供し、その指標に沿うために必要な固有名詞とファッションを提案したのと同じように、女子高生にとっての雑誌もまた、自分らを規定し、拠り所となり、コミュニティの形成や何かを決めるときの指標となる側面が大いにあった。

ｅｇｇとその時代

２０１８年、ｅｇｇが復活するというニュースを、一部の、しかし多くの30代女性はそれなりの感慨を持って受け止めた。当初は印刷物としての復刊ではなく、ＭＲＡという会社が制作するｗｅｂ版での始動ではあったものの、そこに繰り広げられたのはかつて私たちが若さを謳歌《おうか》したのと似た姿の女のコたちの、やはり自分らの若さに疑問を抱かず、世界の中心がどこにあろうとも自分の世界の中心を強引に自分に持っていくようなファッションの体現であった。日焼け肌や不自然な形の衣服を懐かしく思いながら、かつてのギャルたちはそれらをしばし楽しんだ。ただし、９０年代のｅｇｇの高揚と復活したｅｇｇ

を見たときの高揚は全く別物で、半分は当たり前だけど自分が当事者ではなくなっているからだが、もう半分はおそらく、ギャルという文化がすでに歴史上のコードとして完成されているからであろう。

ｅｇｇは１９９５年の創刊以来、男性読者も想定していた創刊当初の迷走期を除いて、一貫して渋谷で遊ぶ普通の女子高生を被写体として、ゼロ年代に入るまで専属モデルやスタイリストなどを抱えずに、時には被写体だけでなく、ページの執筆やカメラマンすら女子高生に明け渡す形で作っていた雑誌だ。版元がアダルト系雑誌やレディース暴走族雑誌、ディスコ情報誌などを発行していたミリオン出版であり、一般的な意味でのハイファッションの提案とはかけ離れた土壌があったことも大きい。ｅｇｇのモデルがその後に歌手デビューした例はあるものの、芸能人が巻頭ページを飾ることもなく、表紙も巻頭特集もモノクロページも、ひたすら街にいる普通の女のコたちが飾った。プロの人気モデルと有名読者が同居し、プロのスタイリングと読者の小技や私物が混在していたJJとも違う。有名女子高生が表紙になることこそあれ、彼女たちを有名にしたのはやはりｅｇｇそれ自体であった。年末などにはｅｇｇ誌面に登場する女子高生や男子高生の人気投票が実施され、有名になると上位にランクインした。毎月ｅｇｇ誌面に登場し、ランキングで

1位や2位になるような女子高生は、今でも同年代の人間が集まれば誰しも名前を言えるほど有名だった。

ただし、eggを購読していたのは、単に自分の仲間内の姿を誌面に見つけたい渋谷の女子高生だけではなく、また女子高生の実態を調査したい社会学者や文化人類学者だけでなく、雑誌にファッションやヘアメイクの参考を求める女子高生たちであった。制服姿や私服姿の、いわばその辺にいる女子高生が掲載されているだけの誌面が、有名スタイリストがファッションを提案し、有名モデルが着こなす誌面よりも、当時の女子高生に歓迎された。そういった意味では、雑誌の提案するファッションよりも、自分好みのインスタグラマーのワードローブを真似したがる現代の女子高生たちの感覚と似ていないこともない。

有名スタイリストと一介のおしゃれな主婦が同列に評価されるインスタグラムのようなメディアとの大きな違いは、ただその辺の女子高生が登場するとはいえ、その雑誌にそぐうそぐわないの判断がそこにあったこと、その判断が同時代に対して現在進行形で作られていたことだ。言い方を変えれば個人の文化であるソーシャルメディアと、あくまで集団の文化である雑誌とも説明できる。専属モデル契約をしなかった頃のeggには、時に同じくギャル雑誌だったＰｏｐｔｅｅｎや、ジャンルや性別横断的に当時の高校生の盛り上がりを写真的に記録していたストニューと同じ人物が誌面を賑わすことがあっても、ＣＵＴｉＥやＺｉｐｐｅｒと同じ人物が掲載されることはなく、逆もまた然《しか》りだった。そこには言語化されない、しかし強固な線引きがあって、それが破られるとき、多くの読者は微妙でありながら強烈な違和感を覚える。そしてその雑誌が決める境界線はいつしか雑誌に掲載されない女子高生たちにも共有されて、その線引きが日常生活でも有効となっていた時代が確実にあった。

すでに、ギャルファッションというものがある程度外形的に確立されて、そのコードを踏襲する形で作られるギャル雑誌（ウェブ）と、当時のギャル系雑誌の読書体験の差異がそこにある。ｅｇｇに載ることを許された女子高生たちの中で、ファッションの感度が高い者たちが、今シーズンはどんなブランドのどんなアイテムを身につけるかによって、ギャルという範囲は拡張され、今度はそのブランドのそのアイテムを身に纏った者たちが雑誌に掲載されるようになる。ギャルという文化の生成過程をライブで見届け、そこに身を投じるというのが、９０年代ｅｇｇの読書体験であった。それは、ファッション誌がトレンドを作り出すようなものともまた違い、当事者たちによって作られる、特定のジャンルの定義であった。ギャルというものは大体こんなものだった、という記憶が多くの者の中にすでに存在する時代に作られるギャル雑誌は、ある意味では全盛期に作られたギャル文化の模倣と踏襲であるため、その線引きが突飛な方向に拡張するなんていうことはないわけである。

事実、９０年代後半のギャル文化では、すでに前年までもブランドとしては存在したが、ｅｇｇ誌面上で有名になっていた女子高生が身につけたことによって、次の年からはギャルたちの証となるようなブランド名というのが存在した。それはアルバローザに始まり、サーフウエアのロキシーや仏国ブランドのクレージュなどまで多様で、さらにヴィトンやプラダの特定のアイテムがある種の印籠《いんろう》のように必需品にもなった。

逆にギャルのレッテルを好まない者たちにとっては、特定のブランドやアイテムが身につけにくくなったような例もある。一時期までギャルの証明のように扱われていたｍｅ Ｊａｎｅ[2]のショッピング袋[3]を、ギャルでありたくない者が持つことはなかったし、柄が可愛いと思ったところで通常Ｚｉｐｐｅｒを愛読する女子高生がココルル[4]のシャツを買うこともなかった。今の女子高生には掴みにくい感覚とも言えるが、そもそも個性派とかＣＵＴｉＥ系とか言われていた女子高生が、ＳＨＩＢＵＹＡ１０９の門を跨《また》ぐことは稀《まれ》であったし、あったとしてもちょっとした付き合いとか待ち合わせだとか、あるいはどうしてもそこに入居するショップの何かを買わねばならないとか地下のソニープラザ（現プラザ）で口紅を買うとか、何か目的があってそうしたにすぎない。大体自分はそのジャンルに含まれるのだという自覚なしに同ビルに入ると居心地が悪かったのだ。私の知人の大学教員で、当時渋谷を歩いていたら急にトイレに行きたくなって仕方なく１０９の門を潜ったが、あまりの場違いっぷりに、トイレを探すこともできずに出てきたという人がいたが、当時の排他的な雰囲気はそれくらい強いものであったのは事実だ。

　そういう意味でも、個人の好みよりも集団としてのコードが優先されていた。単純にこれが好きだから、柄が好きだから、デザインが好きだから、という理由では超えられない壁が設けられ、その壁を無意識に超えると「あの人全然ギャルじゃないのにラブボの袋に体操着入れてた」とか「お姉ちゃんがギャルなんじゃない？」と勝手に噂の的になった。ギャル、個性派（青文字系、オリーブ系、キューティ系）、普通（ノンノ系、コンサバ、可愛い系、優等生）はいっときを振り返れば不可侵な派閥だったと言える。実際２０００年代に入り、多少その壁が崩れて、ギャルが必ずしも黒くなくなり、またギャル系雑誌に載るような女子高生がジル・スチュアートなどのかつてギャルのコードに含まれなかったブランドを臆せず身につけるようになったとき、その様はミックス化現象などと呼ばれてそれなりの事件性があった。

それは、小倉千加子がはっきり区別した「ｎｏｎ‐ｎｏ派？　JJ派？」というような、アンノン族やJJ女子大生の棲み分けの前哨戦のようでもありながら、全く別物とも思える。例えばファッションの文脈としての棲み分けはそれよりももっと強烈でもっと露骨だった。JJがしつこく追い求めたニュートラは、当初はａｎ・ａｎ誌上で命名されたものだとされているし、ａｎ・ａｎ読者とJJ読者の心の中にある理想の生き方に差異があって、演出したい自分の姿が違っており、それらの雑誌を象徴するブランドがそれぞれあったとしても、読者たちが実際に服を買う場所が重なっていたり、同じブランドを集めたりすることはあり得た。女子高生のように雑誌と自己認識によって、服を買う場所や街も、身につけて良しとされるブランドも、全て割り振られ、何かアイテムを買うことによって「ギャルは卒業」とか「ギャルデビュー」とか言われるほどはっきりしていたわけではない。

果たしてその不可侵な領域のギャルの輪郭の大部分を形作っていたのがｅｇｇやＰｏｐｔｅｅｎ、Ｃａｗａｉｉ！などのギャル雑誌であり、１０９である。特に、女子高生の日常と私物で全ての誌面を作ろうとしたｅｇｇの影響力は強かった。誌面で繰り広げられた企画は、街角のおしゃれなギャル系女子高生のスナップから、女子高生自身が自分の学校生活や放課後をインスタントカメラで写し、落書きを加えて誌面に載せる「女子高生カメラマン」、人気女子高生がカバンの中身や愛用品を紹介するページ、渋谷で一日ショッピングをして買ったもの全てを詳細に記す買い物企画、有名女子高生と男子高生のカップルのデートを追いかけたもの、ほぼ全員がラルフ・ローレンのカーディガンやスミスのルーズソックスとハルタのローファーを履き、ほとんど同じに見える制服の着こなしを十数人もひたすら並べたものまで多様で、数号買えば女子高生の必須アイテムや人気ブランド、放課後の過ごし方などは把握できるようになっていた。

　さらに、シーズン毎に流行アイテムがあれば、女子高生たちがシャカシャカ素材のジャージばかり着て登場したり、全員がパステルカラーのダッフルコートを着たり、全員がブリーチの金髪にしていたり、全員がココルルのシャツやロキシーのＴシャツで登場することもあった。それらも一時期まで全て、スタイリストのスタイリングではなく、女子高生本人の私物という扱い、つまり全員が同じブランドの特定のアイテムを当然持っているという前提で組まれる企画と言える。そしておそらく彼女たちは実際にそれぞれ同じものを所持し、同じ髪型にしていたのである。制服のページと私服のページの違いは色味や足元くらいで、私服にも極めて強い制服感が見て取れる。そして90年代が深まり、2000年前後になると、雑誌に登場する女性たちの顔やファッションはさらに均質化し、極端化し、他のジャンルを寄せ付けない個性を身につけていた。

熱狂のカルチャーは極端化するのが常だし、若者文化というのは完成した辺りで少し下の世代に完全に否定されて終焉する。制服の着こなしや私服のブランドのみならず、ガングロを通り越したゴングロメイクによって顔まで均質化し、素の顔が誰であっても真っ黒に塗った肌と素顔を無視したメイクというコードを身につけると全員が全く同じ仕上がりになるというところまで極端化したギャル・ファッションは、2000年代に入って数年経つと減速し、他と差異化するための暴走を止める。その後も白ギャルやオネギャルなどジャンル自体は残ったものの、その進化は強固に進み過ぎた線引きを緩め、他のジャンルとの垣根を低くする方向へ向かった。egg自体も、徐々に専属モデル契約などそれまではあえて選ばなかった普通の雑誌への道を模索し出し、徐々に存在感が薄れていったのである。

私のレッテルは私が決める

それでは制服の着こなしや羽織るセーターのブランドだけでなく、私服や部屋着、肌の色やメイクまで完全に制服化したギャル文化が花開いた頃、個人の好みよりも集団としてのコードが優先される風潮は、個人にとって息苦しいものであったと言えるのだろうか。個人尊重が重要視される昨今、個人の好みに重きを置かず、人と人との分断を煽るようなジャンル棲み分けの文化がそのような見方をされても不思議ではない。近年の言語空間では「好きなもの」や「自分らしさ」の方に重きが置かれ、レッテル貼りのような行為は嫌悪され、「私は私」の金言は何よりも重要なこととされている。

そういった意味で、レッテルを自分で自分の身体に貼り付けるようなメイクやファッションが流行らなくなったのはある種の必然のように思えるし、紙媒体としての雑誌の存在感が、特にＳＮＳネイティブと呼ばれるような若年層にとっては相対的に低くなったことだけが、雑誌による棲み分け文化が後退した原因ではないのだろう。背景にはむしろ集団でレッテルを共有するという、見方によっては稚拙《ちせつ》な青春の過ごし方自体の終焉が先にあって、そこに雑誌の衰退がタイミングよく重なったとも考えられる。極端化したギャルたちを真上に見たであろう直後の世代が、集団で同じ格好をする彼女らのファッションをバカみたいだと感じたのはそれはそうだろうし、米国や韓国などの若者カルチャーを気軽に輸入できる立場にあっては、日本でしか通用しないコードを気恥ずかしいものとすら思ったかもしれない。

女子大生ブームを担い、その後も長らく女性として「勝つ」ことを視野に入れる女性たちのバイブルであったJJは、男性の眼差しを内在化し、男性の好みや生態をある程度理解した上で、あえてその視線を自分らの基準に取り入れようとする女性たちによって魂が吹き込まれていった。では例えば女子高生（ギャル）ブームを担ったｅｇｇの場合はどうか。その成立は似ているところもあれば少し毛色の違うところもある。

松谷《まつたに》創一郎《そういちろう》はコギャル（未成年客を高校生ギャルと呼ぶクラブ文化の高ギャルから転じたとも、子供のギャルという語源とも言われる）という言葉が最初にマスメディアで明確に使用されたのは、１９９３年6月の「週刊ＳＰＡ！」であると確認した上で、コギャル草創期、男性誌で扱われていた女子高生像に着目している。１９９０年前後に「女子高生をイメージした〝女子校生〟アダルトメディアは、彼女たちに対する成人男性の性的欲求を反映していく」という松谷の指摘通り、「スーパー写真塾」「セーラーメイトＤＸ」などブルセラ系雑誌と言えるエロ雑誌は、セーラー服やスクール水着など、女子高生モチーフのグラビアを数多く取り入れていく。

要は、当時新聞まで巻き込んで注目されていた「ブルセラ女子高生」と似た文脈の中で、好奇の目を向けられる新しい女子高生の生態として外から貼られたレッテルがコギャルという呼称だった。社会学者の宮台真司《みやだいしんじ》を一躍時の人にした朝日新聞上のブルセラ論争も１９９３年であり、自らの性の商品的価値に自覚的で、なおかつ能動的に利用する女子高生たちが発見された時期なのだ。ちなみに松谷も指摘している通り、社会現象となったドラマ『高校教師』の放送も同じ１９９３年で、女子高生の性的側面に社会が改めて注目した年とも言えるかもしれない。

果たして外から貼られた、ポジティブで名誉であるとは言い難いレッテルを、積極的に引き受け、「コギャル」という呼称を「ギャル」にアップデートして、自らの手に取り戻していった場の担い手こそがギャル雑誌であった。男性週刊誌にとってのコギャル元年が１９９３年であるとしたら、女子高生ら自身にとっては大手ギャル系雑誌が揃った１９９６年がそれである。

だからこそ、ｅｇｇに象徴的なように、モデルやスタイリストは女子高生自身である必然性があり、１９９６年にリニューアルしたＰｏｐｔｅｅｎや同年創刊のＣａｗａｉｉ！、あるいは有象無象に乱立した短命のギャル系雑誌も、プロによる最先端のスタイリングよりも、女子高生の私物や私生活に重きが置かれた。さらに、世間の女子高生評価や、親や街の人たちの女子高生のイメージを調査し、それについて女子高生たち自身があれこれ反論する企画ページも散見される。女性だけでなく、また比較的ジャンル横断的に読まれたストニューもまた、一介の女子高生や男子高生の、ありのままの姿を切り取ることに特化し、またそれを生物図鑑的に外に向けて発信するのではなく、やはり一介の女子高生や男子高生たちに発信するという特徴を持っていた。

中でもｅｇｇは、女子高生の持ち物を他でもない女子高生向けに公開し続け、女子高生自身が写す学校の風景や放課後の自分らの遊び場の写真をそのまま掲載し、巻末付近には女子高生たちが自らの性体験を赤裸々に報告する「アニマルトーク」のコーナーを擁《よう》した。オヤジ週刊誌で幾度も特集が組まれた女子高生の性的側面すらも、自分らが主体の雑誌の中で扱い、勝手に外から語られる自分らの印象を無害化したという意味で、最も女子高生ブームの象徴的な雑誌であったと言える。アニマルトークで普段扱われるような内容を拡充した形の増刊号「スクランブル・エッグ」（２０００年2月）では、さらに踏み込んで女子高生の生態に迫り、読者の赤裸々な性体験や売春体験のインタビューも掲載された。ちなみにｅｇｇを創刊したミリオン出版が、１９９３年にお菓子系と呼ばれる、ブルセラグラビア系雑誌の「Ｃｒｅａｍ」を創刊している点は興味深い。男性の視点から勝手に切り取った女子高生像と、女子高生の内側の視点で作る女子高生像は、両方とも雑誌を中心に定着していった。

　つまり女子高生ブームにおける雑誌文化は、世間的な注目の的となり、外から一括りで語られる対象であった女子高生たちが、オヤジや社会や週刊誌に語られるのとは別の、自分らが考える自分たちらしさを形成する役割を持っていた。大人が理解しない、イケてる／イケてないの峻別をして、大人が理解しない他の系統の雑誌との差異を作る。この雑誌を読んでいる子は、こういうものを好んでこういうことを積極的にする、ということを、自らの手で作って、自らの手で実践していく。

　そこには明らかに、自らの商品性や男性に消費されることに自覚的なギャルたちが、男性や社会による値付けや商品化だけに取り込まれないように、自分らはこういう人ですという集団のアイデンティティを作る意図がある。そのような見方をすると、女子高生の雑誌が当時、過度にジャンルの壁を作り、それぞれが、この雑誌を読んでいる人は〇〇系であるという仲間意識と排他性を持っていたのは、大人たちが理解しない機微を含んだ、自らの手による自らのレッテルの再定義をする必要があったからのようにも思える。呼称が男性社会で生み出されたために、上書きする自分たちの紹介はより強固である必要があった。後続の世代が振り返れば窮屈さすら感じるギャルの定義やジャンル分けの壁は、大人から好奇の目と性的な視線を向けられる女子高生たちが、雑誌という場を媒介することで一丸となって自らのアイデンティティを守ろうとするのに必要な仕掛けだったのかもしれない。

　そう考えると、ギャル・ブームが進行し、ファッションが極端化すればするほど、男性目線を取り入れない、拒絶すらするようなガングロ・ゴングロギャルたちが登場していった過程もある種の必然性を伴っているようにも思える。ギャル女子高生たちは、性的価値と密接な関わりを持ってこの世に発見された上に、彼女たちの発展に大きく寄与したｅｇｇは、もともとＳＭマニア雑誌などアダルト系メディアを中心に拡大していったミリオン出版が発行していた（のちに大洋図書）にもかかわらず、男性の視線を意識的に内在化したJJ女子大生とは大きく違う変遷を辿る。１９９６年以降のアムラーブームなどと並走していた女子高生ギャル雑誌では、まだボディコンシャスで「セクシー」とされるファッションが見受けられるが、世紀末が近づくにつれ、ギャルたちはいつしか、ブルセラ女子高生としての値段は全く吊り上がらないような格好・行動が板についてくるのだ。

２０００年前後になってｅｇｇの誌面上に頻出するようになったゴングロ３兄弟に代表されるような（Ⓐ）、黒さを競い、Ｍ・Ａ・Ｃの極端に日焼けした肌色のファンデ、白い口紅、本来はハイライト的な役割を果たすはずのメッシュの量がベースの色の量を超えて総白髪のようになったヘアスタイルの彼女たちは、

Ⓐ「egg」1999年11月号

巻ではその姿が山姥《やまんば》のようであることからヤマンバギャルと呼ばれた。２０００年３月号のｅｇｇの表紙は、ゴングロ３兄弟の中でも見た目のインパクトから最も高い知名度を誇った通称ブリテリが白く塗った口を大きく開けた写真が飾る。まさに襲いかかる山姥のようだ。山姥を性的な対象として捉える男性は、少なくともかなりの少数派であろう。

奇抜さを加速させていったギャル雑誌が、ブルセラグラビアで過剰な性的価値を背負わされた女子高生たちの、細やかかつ楽しげなアンチテーゼとしても機能していたのだとしたら、そこで女子高生たちがあえて自分らのファッションや振る舞いを規定し続け、それが集団としてのアイデンティティをより強固にしていった事実も、そう不自由なものではない気がする。男性メディアが塊としての女子高生を勝手に一括りにするのであれば、女子高生たちはその括りを逆手にとって自分らのファッションによって再定義する。それは、雑誌というメディアのある種の排他性とコミュニティ形成の力が大きく寄与しなければ、個々の力では成し遂げられなかった芸当だったのではないか。集団になることによって強力になった、もともとはちょっとした反抗心や遊びへの探求心が、世界の中心に私たちがいる、という強気な姿勢に変化していった。

「媚びない」青文字系雑誌

男性たちから見れば女子高生という一つの記号であっても、当の女子高生たちはひと塊であったわけでなく、むしろ外側から括られる女子高生という枠組みの中で巧みに、自分はこの集団に属し、それはあっちの集団とは別のものである、という自己規定を持っていた。当時、ギャル（コギャル）のイメージを自分らで完成させつつあった集団と双璧《そうへき》をなしていたのが、「個性派」と呼ばれた女のコたちだ。

現在の感性で振り返ると、ヤマンバギャルのファッションもまた世界で類を見ない個性的かつ奇抜なものだが、ギャルたちが自分らを「個性派」と呼ぶことはなく、また世界的に見ると常人が引くほど個性的であるという事実は重要なアイデンティティではなかった。一つには雑誌を拠り所として集団で同じ格好をする彼女たちは、外から見れば奇抜でも、集団の中では非常に制服的なファッションセンスをしていたからだろうが、もう一つには、ギャルのオルタナティブとして当時大いに存在感を放っていた別の集団が、自他ともに「個性派」と称していたからではないか。

「個性派」の女のコたちは、「ＣＵＴｉＥ」や「Ｚｉｐｐｅｒ」のような、後にJJやＣａｎＣａｍの赤文字系に対する青文字系と括られるような雑誌を好み、時に読んでいた雑誌の名前から「キューティ系」と呼ばれることもあった。２０００年代半ばには赤文字系雑誌と二大潮流的存在とみなされがちだったＣＵＴｉＥなどは、９０年代の女子高生ブームの折には、明らかにギャル系雑誌のオルタナティブな集団だった。ギャル雑誌が渋谷を本拠地としていたのに対し、キューティ系や個性派と呼ばれた雑誌は原宿系や裏原系と呼ばれることもあり、ヒステリックグラマーやＸ‐ｇｉｒｌなど実際に愛用されるブランドはラフォーレ原宿に入居するものも多く、裏原の古着屋のアイテムを取り入れたファッションの人気も高かった。ラフォーレ原宿前には、ＳＨＩＢＵＹＡ１０９前とは明らかに異質なファッションの女のコたちが並び、またギャル系グループではｍｅ Ｊａｎｅやラブボート、ＥＧＯＩＳＴなどの袋をバッグの代わりに使用する子たちが多かったのに対し、ＣＵＴｉＥなどの読者には、ヒステリックグラマーの黄色い袋が人気を集めた。

漫画などカルチャーとの関わりが深いのは圧倒的に個性派グループの方で、９０年代のＣＵＴｉＥ誌面では岡崎京子や安野《あんの》モヨコなど、一部の女性たちから絶大な人気を誇る漫画が連載されており、『リバーズ・エッジ』（岡崎京子）や『ジェリー イン ザ メリイゴーラウンド』（安野モヨコ）などは、連載終了後の現在に至るまで高い人気を誇っている。Ｚｉｐｐｅｒでも９０年代終わりにすでに少女漫画誌で人気漫画家としての地位を築いていた矢沢あいが、服飾科に通う尖ったファッションの登場人物たちを描く漫画『Ｐａｒａｄｉｓｅ Ｋｉｓｓ』の連載を始める。ギャル系の女のコに対して、個性派の女のコの文化水準や偏差値が高いと言われた一因は、こういったサブカル要素が豊かだったからだろう。人気男性カルチャー誌「宝島」を発行していた宝島社が女のコ向けに作った雑誌ＣＵＴｉＥが、こうしたファッション的潮流のカルチャー面の強度を担保していたと見ていいかもしれない。

　ＣＵＴｉＥ創刊はギャル誌が出揃うよりずっと前の１９８９年だが、当初は８０年代に人気を集めていたＤＣブランドを扱う雑誌だった。古着や裏原系ブランドを取り入れていくのは９０年代に入ってからで、１９９３年に創刊したＺｉｐｐｅｒとともに、尖ったファッションを提案していく。最盛期には50万部の売り上げを誇り、やはり最大発行部数50万部だったというｅｇｇと女子高生ファッションの双璧をなすこととなる。この雑誌のファッション的な特徴は「個性的」であること、人とちょっと違うスタイルを提案することだった（Ⓑ）。実際、見出しコピーには個性という言葉が使われることも少なくない。古着アイテムや重ね着、切りっぱなしの短い前髪など独特の好みが共有され、ベースは比較的露出の少ないカジュアル・ファッションの上に、個性という名の人気スタイルを上塗りしていく。それが、雑誌周縁の、漫画や音楽といったカルチャーで培われる自意識と良い塩梅に相互反応して、クラスメイトとはちょっと違った自分というものが演出される。

ヘアスタイルや髪の毛の色、ファッションの色使いや流行アイテムなどを第三者が比べれば、ヤマンバギャルとＣＵＴｉＥ系個性派女子の勝敗を決めるのは難しい。ただし、似たように奇抜な

Ⓑ「CUTiE」1994年4月号

格好をして、似たような色に髪を染めていたとしても、根底に流れる精神性は大きく異なり、時に真逆ですらあった。ギャルたちの奇抜さを簡単に説明すれば、みんながやっているから、流行しているから、というファッションがコードであることを自覚的に受け止めた態度に貫かれている。世界的に珍しい格好をしていたとしても、彼女たちは社会全般とは違う、ギャルの世界の常識をそう大きく逸脱《いつだつ》することはなく、爪の長さや肌の黒さなど、細部を極端にすることを競うくらいだった。

それに対して個性派と括られる女のコたちの奇抜さの根底には、普通の人がやっていないから、人と違うファッションをしたいから、ギャルっぽい流行に乗りたくないから、というメンタリティが見える。彼女たちが拠り所にしていたＣＵＴｉＥは、実際はｅｇｇと似たような発行部数を誇る大きな集団となっており、彼女たちにもまた彼女たちの種族の世界があったわけだが、それと同サイズの集団でしかないギャルが自分らを世界の中心にいると勘違いしていたようには、個性派集団は自分らを捉えていなかった。むしろ、ど真ん中の大衆にそれほど馴染めない、ちょっと複雑で、ちょっと変わっていて、ちょっとセンスの良いワタシ、という世界観は、当時は渋谷系と呼ばれた音楽や大衆漫画雑誌とはちょっとテイストの違う漫画などとともに誌面のファッションにも表れていた。

前出の松谷は自著の中で、歌手の戸川純の人気からＣＵＴｉＥ全盛期に至るまでの一部の女子たちを焚《た》き付けた個性信仰について、「中流意識の拡がりによって人々が〝ヨコの差異〟を必要としたために強まった[6]」と指摘する。確かに、２０００年代に入ってすぐに「ゆとり教育」が始まったことを思えば、そこに向かっていく、これからは個性、という認識は９０年代の教育現場に広がりつつあったのであろう。そこに、集団で全く同じ格好をして、一つ一つの個性は大変見えにくくなるものの、集団としての確固たる個性を持つギャルたちの流行が真横で進行していたことが、それぞれがちょっと変わった格好をする個性派集団の特徴を加速させたかもしれない。雑誌を中心として、実際にはマイノリティとは到底呼べない流れにはなっていたものの、それぞれの意識の中では、横並びのファッションはつまらない、人と違ったワタシ、が形成されていく。この自意識もまた、世界の中心のワタシという強気なギャル意識と同じように、女のコたちを夢中にさせたのだ。

ファッション的な特徴は微妙にズレるものの、ＣＵＴｉＥ流行の前の８０年代後半から９０年代前半に、普通よりちょっとセンスの良い女のコ、という自意識に寄与していた雑誌はマガジンハウスの「Ｏｌｉｖｅ」であった。パリの女学生を意味する「リセエンヌ」を意識したファッションやライフスタイルを提案し、それらに魅せられた読者たちは「オリーブ少女」と呼ばれた。雑誌の特徴としては、個別のスタイリングよりも雑誌全体の世界観を重要視し、少し夢見がちで、性格としては大人しめだけど、退屈でダサいファッションが嫌いな女性たちは、この世界観を身に纏おうと熱心に雑誌を追った。酒井順子は『オリーブの罠』（講談社現代新書）の中で、Ｏｌｉｖｅが提示した、モテからの解放の精神、男のためではなく自分のためという立ち位置を指摘しているが、センスや個性を重視する以外に、このモテとの距離感はＣＵＴｉＥの流行にも引き継がれる特徴である。

何より個性重視だったＣＵＴｉＥにしろ、もう少しカジュアルで、非凡さばかりを重視はしないＺｉｐｐｅｒにしろ、それぞれが男性に媚びたファッションとはかなり距離をとっていることは、誌面の着こなしに異様に重ね着が多いこと、肌の露出が少ないこと、胸の谷間や背中など、セックスアピール箇所や身体のラインを強調しない服が多いことからもわかる。他者の視線を意識するよりも、自分の着たい格好をする、というのは雑誌の編集方針でもあり、それは狭義にはモテより個性、ということに他ならない。

この特徴と、ギャルの露出度の高さや超ミニスカ、身体のラインが出るワンサイズの衣類を対極に置いて、男性に媚びるギャルと男性に媚びない個性派という分類がなされることはよくある。また、属性的な特徴として、読書や映画鑑賞などが好きで比較的秀才や優等生の多い個性派に対して、不良集団と親和性の高いギャルという見方もよくなされる。ただ実際は、男性による値付けを逆手にとっていたギャルたちも、性的にはあえて媚びていながらモテとは一線を画した価値に重きを置いていたことは先に述べた通りで、時期が進むとさらに男性への媚びとはかけ離れた雰囲気を纏い出した。男性の視線を利用する意識はあるものの、JJと比べると、男性に選ばれる女になるための道筋には立っていない。単純に考えて、派手なギャルを本妻にしたいと考える男性はマジョリティではないだろう。モテより自分のやりたいことを優先する表現は、ＣＵＴｉＥにもｅｇｇにも見られた特徴なのだ。

　そこには当然、JJやａｎ・ａｎの読者層よりさらに若いところに陣取る雑誌の持つ、どこかににじり寄ったり、将来を心配したりしなくてもいい余裕があるのは間違いない。仕事に生きるとか結婚のための努力とか、そういったことを考えるのはまだ先でいい。どちらの女のコたちも、若い自分の楽しみ方を、雑誌の提案する自意識の持ち方によって模索していた。

ギャルと個性派と大きな受け皿

９０年代後半から２０００年前後の女子高生雑誌の全盛期、ｅｇｇやＰｏｐｔｅｅｎを読むギャル系グループとＣＵＴｉＥやＺｉｐｐｅｒを読む個性派グループが、地域を限定せずに広がったのは、全国に流通する雑誌の果たした役割が大きいだろうが、当然その様相や条件は都心部と地方で微妙にズレていた。都心部であるほどすでに衰退気味のヤンキー文化とギャル系雑誌の相関関係は弱く、地方に行けば行くほどそれは強くなる。ＣＵＴｉＥやＺｉｐｐｅｒの個性派グループが比較的エリート校に偏っているのも地方の方が顕著な傾向だった。

一つには、制服をおめかしの重要な道具とするギャルにとっては、比較的校則が自由な都心部の私立校や都立高ではそれほど実現のハードルが高くないが、校則や制服規定の厳しい学校の多い地域では、頭髪のブリーチやルーズソックスの着用にはまず学校の規則からの逸脱が必要だったこと、それを容易に逸脱しているのはヤンキー文化の継承者たちだったことが挙げられる。茶髪自体が校則違反の学校ではギャル・ファッション自体が不良性を帯びるが、頭髪規定のない学校では、茶髪それ自体が過剰な意味を背負わないがゆえに特にそのような現象に陥らず、茶髪自体もギャル系、個性派、ヤンキーなどと細分化されるからだ。

また、当時高校生がイベントを主催できるクラブなどが偏って存在した渋谷などでは、クラブへの出入りが必ずしも非行として見なされなかったが、そもそもクラブが不良の溜まり場となりやすい地域では、パラパラやトランス音楽の流行でクラブ文化とも密接に絡むギャル・ファッションと不良との関係は密であったと考えられる。新聞などで、ギャル・ファッションをヤンキー文化の中に位置付けたり両者の関係を親密なものとする批評が目立った時期があるが、都心部でギャル・ファッションを好む女子高生の中にはむしろ両者は相容れないと考える者も多かった。

ただ、校則が自由な学校の中で偏差値が一定以上高い学校ではＣＵＴｉＥやＺｉｐｐｅｒの愛読者の存在感があったのは事実である。実際、ほとんど唯一ジャンル横断的に街場の高校生たちを被写体として、なおかつ読者もギャルや個性派の別にかかわらず幅広く読者を獲得していたストニューで、個性派の女子高生たちの通う学校は法政女子や和光が多く、ｅｇｇやＰｏｐｔｅｅｎに登場する女子高生たちの中では八洲《やしま》学園など通信制の学校が目立っていた。制服を設置しないことの多い都立高校の偏差値とファッションの関係にも若干のその傾向、つまり偏差値の高い学校には個性派女子が多いという傾向はあった。

それはあくまで雑誌に登場するなどして目立つ者たち、あるいは数の問題で、ともに50万部近く売れていたギャル雑誌や個性派雑誌自体が極端に階層による分断を持っていたとは考えにくい。むしろ、雑誌のヒットが、地域差や階層によるファッションの違いを一旦キャンセルし、多少の傾向を残したまま、好みのファッションを手に取るという習慣を根付かせたとも言えるだろう。北海道から沖縄まで、同じ流行を追う、高偏差値のエリート校のギャルと通信制高校のギャルが同じファッションビルの同じショップの福袋に並ぶというのは、言ってみれば圧倒的に雑誌文化の強かった日本に特徴的な傾向なのだ。地方紙や都市ごとの新聞が強い米国と比べると、日本は1~2ページの地方面を除いて全国的に同じ新聞を読んでいるというのがよく言われる特徴で、紙メディアを通して流行が全国に波及しやすいのは何も女性のファッションだけではない。しかし、雑誌が繋ぐことでファッションが属性や高校、地域とはまた違った線引きで女のコがジャンル分けされていたことは特筆すべきことのように感じる。

さてしかし、例えば９０年代後半に実際に女子高生だった私の実感として、ギャルでもないし個性派でもなかったと証言する者は当然ながらそれなりに多い。全国的、なおかつ非行の有無や偏差値に関係なく広がったギャルやＣＵＴｉＥの流行は、その数に学校ごと、地域ごとの差はあれ、基本的にはクラスのうち数人はそのどちらかのジャンルの雑誌を読んでいて、また別の数人はもう一方を読んでいるという程度のものだった。それは大ヒットとはいえJJやａｎ・ａｎの最高発行部数に比べれば遠く及ばないことからもわかる。

　女子大生や社会人以降に比べて、女子高生の段階ではまだそれほどファッション誌に興味がない、必要としないという層が一定数いたことも確かだが、ギャルや個性派に分類されない女子高生たちが必ずしもファッションやメイク、あるいはファッション誌文化そのものに興味がなかったわけではなく、そういった、おしゃれにも興味はあるけど極端なジャンルに所属するわけではないという女子高生たちの受け皿となっていたのはｎｏｎ-ｎｏだった。ギャルや個性派の奇抜性や目立つ現象としての存在感が、当時の女子高生をやや二者択一のように示しがちだが、実際は両者を遥かに凌《しの》ぐ発行部数を誇っていたｎｏｎ-ｎｏ読者の多くも当時は女子高生だったのだ。

創刊したばかりのａｎ・ａｎやｎｏｎ-ｎｏを片手に旅行し、各地で目撃された女性たちを指すアンノン族という言葉が流行したのは７０年代半ば頃からだが、若い女性たちの気軽な消費行動をファッションに昇華したこの２大雑誌のその後はかなり極端に分かれ、ａｎ・ａｎの読者層が30代中心になったのに対し、ｎｏｎ-ｎｏはむしろ若返り、９０年代には多くの10代読者を集めていた。それは現在も、どちらかというと男性アイドルなどを表紙に起用しているａｎ・ａｎが30代に人気で、女性人気タレントを多く輩出するｎｏｎ-ｎｏは女子高生から女子大生向けの内容が多い。

２０２１年に刊行形態の変更、というか事実上の休刊が発表された「Ｓｅｖｅｎｔｅｅｎ」が、小学館からかつて隔週で刊行されていた「プチセブン」と並んで、高校入学直前（実際にセブンティーンになる少し前）の女性たちから人気を集めており、集英社のファッション誌では２００４年にｎｏｎ-ｎｏより少し派手目な「ＰＩＮＫＹ」が登場するまで、Ｓｅｖｅｎｔｅｅｎの真上で女性たちを受け止めていたのがｎｏｎ-ｎｏであった。現在女優として活躍する波瑠《はる》のように、Ｓｅｖｅｎｔｅｅｎでモデルを務めた者が一定の年齢になった後にｎｏｎ-ｎｏに移る事例も多くあった。２０１０年以降の佐々木《ささき》希《のぞみ》のように、発行部数の多いｎｏｎ-ｎｏの表紙に登場したモデルたちが後に女優やタレントとして大きく成功する事例は多い。

アンノン族の登場の革新性が、それまでは生活用品や家庭内の仕事として認識されがちだった料理、衣服、部屋作りから旅行まで、あらゆる消費行動をファッションの一環として捉え直したことだったとすると、９０年代半ば以降の女子高生雑誌全盛期における、若干低年齢化したｎｏｎ‐ｎｏも、同じような役割を負っていたと言える。あくの強いジャンルのファッションを手に取らず、何か特定の集団に属さなくても、また自らの内側から湧き上がる創作欲求や大層なハイセンスなどなくとも、もっと普通に気軽におしゃれを楽しむ道が開かれていたのだ。

また、女子高生雑誌の盛り上がりを受けて、いわゆる赤文字系雑誌の中では男性受けよりも派手志向の強い「ＶｉＶｉ」がやや若年層である10代を取り込むようになり、ギャル系の中でも、大人志向・海外志向の強い女子高生に歓迎された。２００３年にはＶｉＶｉのお姉さん版増刊号で、より海外志向の強い「ＧＬＡＭＯＲＯＵＳ」（２００５年からは月刊化、２０１３年に休刊）が登場したことで、ＶｉＶｉの購入層は赤文字系雑誌の中では比較的若い女性たちに定着する。ギャルと個性派の爆発に引っ張られる形で購買力などパワーがみなぎっていた女子高生たちに雑誌が吸い寄せられるようにして選択の幅は増し、それぞれの雑誌がやはり女子高生を吸い寄せるようにして人気を得た時代があったのである。

雑誌で棲み分けた青春

そう考えると、あくの強いファッションや集団で同じ格好をする習慣があまり見られなくなって以降、Ｃａｗａｉｉ！が２００９年に休刊（お姉さん版の「ＳＣａｗａｉｉ！」は健在）、ｅｇｇが２０１４年に休刊（２０１８年にウェブ限定版として復活、２０１９年には復刊号を発売）、ＣＵＴｉＥが２０１５年、Ｚｉｐｐｅｒが２０１７年に休刊していながら、かつて極端なジャンルに回収されない女子高生の受け皿となったように、より汎用性が高いｎｏｎ‐ｎｏやＶｉＶｉが今でも月刊誌として残っているのはごく自然にも思える。より強い思想があるもの、ニュートラルな使い勝手のないものは時代の変化とともに形を変えていく。それは赤文字系４大誌の中で、最もはっきりした思想に貫かれていたJJがいち早く休刊となった事実とも重なるところがあるように見える。女子高生がおしゃれをしたいと考える気持ち自体は、雑誌全盛期の９０年代からゼロ年代初頭にかかった頃と今とで大きくは変わらないのだろうが、何か大きな拠り所にみんなで集まりながら自分たちをジャンル分けして、そのジャンル自体に誇りを持つという文化はその後、急速に終焉を迎えていく。ファッション誌業界の中でも、若年層向けであればあるほど、休刊は真っ先に訪れた。

月刊化前のＣａｗａｉｉ！編集主要メンバーで、その後直木賞作家となった中島京子《なかじまきょうこ》は、休刊後にＣａｗａｉｉ！の意義について「後から思えばあの雑誌は、女のコたちのはけ口となっていたんだと思います。（中略）それまでは《見るもの》だった雑誌が、あの頃から《出るもの》へと変わって。あの雑誌に出ればイヤなことも忘れられて、一瞬でスターになれる。その感じが彼女たちを虜《とりこ》にしたんだと思います」[7]と語っている。一時代を築き上げたギャルや個性派雑誌による女子高生の分類は有効性を失い、読者参加型の雑誌はＳＮＳ上の個人による発信に置き換えられていく。

確かに、当初女子高生がチェキで撮った写真やプリクラにいたずら書きをして、それを並べてそのまま掲載するようなページ作りをしていたｅｇｇがそのままの形でＳＮＳ時代に残っていく意義は少なかったのかもしれない。今ではイケてる女子高生がどんな制服の着こなしをしてどんな買い物をして放課後を過ごしているのか、という情報は、雑誌を通してタイムラグ込みで提示してもらう必要もなく、リアルタイムで人気女子高生のインスタグラムやＹｏｕＴｕｂｅで見ることができるし、何がカッコよくて何がダサいかを自分らの目で判断する主体性は、生身の大量の情報を受け取る現在の方が育つ可能性もなくはない。

そして、単なるデジタル化の嵐や無料情報の拡大によって有料の紙媒体が衰退したことだけが、女子高生雑誌の急速な休刊と、女子高生ファッションの変化を理由付けるわけではないのであろう。雑誌に提案してもらわないと自分たちが何者であるかわからないという感覚自体が、今の女子高生に馴染まないのかもしれない。

雑誌が提示する生き方や振る舞い方、そしてファッションを、読者である女子高生自身がアップデートして、それを再び雑誌が提案する、という手の込んだ時代は終わりを告げつつある。それでも、ギャルに憧れた女性たちが自らの手でｅｇｇを復刊させたり、Ｐｏｐｔｅｅｎが現在も若者に最も影響力のあるタレントを輩出し続けたりしている様相を見ていると、出版不況とＳＮＳの台頭によって部数を落とし、存続不可能になった雑誌の数々が、一部の女のコたちには失ってしまっては所在ない気分になるものであることは間違いない。それはあるいは、ギャルたちが再定義しなくてはならなかったような、外からの（男性からの）値付けやレッテル貼り、つまり性的客体として眼差される傾向が終わっていないことも意味する。拠り所を失った女子高生たちが、ジャンルや雑誌名に縛られず、より自由で斬新なアイデアを体現できているかと問われれば、そのようには見えないと考える人は多いのではないか。

女子高生雑誌の衰退を経て、より極端なものが避けられ、誰が見てもそれなりに可愛くてそれなりに綺麗なファッションが流行していくのであれば、雑誌は女子高生をジャンルの中に閉じ込める役割よりも、彼女たちの表現を爆発させ、力を伸ばし、大きな意味での若い力の発散の場を与えるものであったようにも思うのだ。

１・主婦の友社の女性ファッション誌。１９８８年創刊。雑誌の外形自体はJJやＶｉＶｉと似ており、赤文字系雑誌の一つに数えられるが、他の赤文字系に比べるとやや若くてリーズナブルなファッションが提案されることが多く、コンサバやエレガントな雰囲気は希薄。途中からはフリルなどを多く取り入れたいかにも甘いファッションが主流となる。大ブームを作り出した印象がないために若干存在感が薄いと言われることもあるが、その分比較的広範囲の女性にとって手に取りやすく、根強い人気がある。２０２１年４月には、公式ウェブサイトで公開された記事に「パパ活」に関する情報（パパとの顔合わせのポイントや会話術など）が掲載されたとして、赤文字系雑誌がパパ活を推奨したものとして炎上。現在同サイトを制作しているウェブ系のＤＯＮＵＴＳ社が謝罪した。

２・かつて山の手のヤングアダルト向けのファッションビルとして開業した１０９には、宝飾店や呉服店、フォーマルドレス、スポーツ用品店から書店まで幅広い業種が入居していた。しかしバブル崩壊に足並みを揃えるように、１９９２年頃からそれまで月額１億円を売り上げていたこともある高価格帯の店舗の業績が落ちていく。そんな中、地下１階に入居していたｍｅ Ｊａｎｅ（ミージェーン）だけが若い女性に高い人気を誇っていた。そこにヒントを得た東急電鉄は１０９を若い女性を狙った路線でリニューアルをし、９０年代半ばにはビル一棟まるごとギャルの聖地に生まれ変わった。

３・高校生のギャルたちに人気だった１０９入居の新興ブランドは、それぞれ「ショッパー」と呼ばれるショッピング袋を特徴的な柄やロゴのデザインにしており、仕様も紙袋ではなくビニール製の巾着型で、襷掛けで使えるようなものが多かった。ハイブランドのバッグをいくつも買えない高校生にとっては、それらの袋は洋服を購入さえすれば無料で手に入る上に、人気ブランドのものだとすぐにわかるので、収集したりバッグとして使用したりするのに最適だった。学生鞄のサブバッグとして体操着などを入れて利用していた女のコも多い。

4・若い女性をターゲットにした１０９は、まだ資本力のない新興ブランドを高額な頭金なしで誘致し、小さな区画で出店できる環境を整える。そうやって現在もギャルブランドとして人気を博すあらゆるブランドを育てた。その代表格がココルルで、約10坪の小さな区画にひっそりと入居し、手作りの内装のスタートだったのが、オープン翌年にはデニムとシャツがギャルたちに大ブレイクし、月に１億４０００万円以上の売り上げを誇るに至る。

5・松谷創一郎『ギャルと不思議ちゃん論』原書房、２０１２年

6・同前

7・長谷川晶一『ギャルと「僕ら」の20年史』亜紀書房、２０１５年

第5章 ♦ エビちゃんOLとは何だったのか

ギャルは卒業？

現在、テレビなどで活躍するギャルモデル系タレントは10代後半から20代前半の印象が強いが、女子高生ブームの折のギャル雑誌は現役の高校生にこだわって誌面作りをしているものが多かった。それはギャルや個性派、ヒップホップブームで登場したＢガールなどジャンル横断的に高校生自体をフィーチャーすることで人気を博したストニューに限らず、ｅｇｇやＰｏｐｔｅｅｎなどを中心とするギャル系女性誌が、時には私服以上に制服の着こなしや学生鞄の中身公開にページを割いていたことからもわかる。

つまり９０年代後半から２０００年前後のギャル雑誌全盛期のギャルたちは、高校卒業と同時に拠り所となる雑誌を一旦失うこととなる。女子高生ブームとリンクした形で巻き起こったギャル雑誌の攻勢は、その起源ゆえに、女子高生の色があまりに強く、２０００年代後半で小悪魔ａｇｅｈａを筆頭にしたキャバ嬢ファッションブームが巻き起こるまで、１０９のターゲット層も実際の客層も女子高生中心で、今よりだいぶ若い世代に集中していた。

かといって時は２０００年代、別に高校の途中でお嬢さんたちがどんどん結婚するわけでも、高校卒業と同時に花嫁修業が始まるわけでももちろんなく、女性の大学進学率も４割に近づき、初婚年齢は徐々に上昇、高校を出たからといって20歳前後の女性たちにはまだ若い女として何者でもない猶予が存分にあった。長引く不況で将来は不透明であっても、若い女性たちは世の不況とあまり関係なくおしゃれをすることに慣れている。それはギャルに限らず、Ｓｅｖｅｎｔｅｅｎ・ｎｏｎ‐ｎｏ組にも、ＣＵＴｉＥ・Ｚｉｐｐｅｒ組にも言えることだった。

　女子高生から女子大生に変化するとはいえ、それまでキャンパスの女性たちの中心的バイブルは、女子大生ブームから引き継がれたJJである。男性による値付けを無視した個性派も逆手にとって楽しんだギャルも、強者男性の経済的庇護の下に入ることを目的とした結婚至上主義との親和性は低い。女子高生のときにギャルブームやＣＵＴｉＥ系ブームを経験した者たちに、ＶＥＲＹ妻へ繋がるJJの道はすんなり入り込めるものではなかった。若さを盾に奇抜化していたＣＵＴｉＥ系ではあるものの、１０９ではなく原宿のラフォーレを拠点としていた彼女たちが、比較的女子高生にこだわらず広がったファッション性を纏っていたのに対し、特にギャル系女子高生たちは、制服以後の受け皿を失う。

そこに登場したのが、結婚神話抜きにした男性受けを狙うＣａｎＣａｍの新しいコピー「めちゃモテ」である。実際、２０００年代前半にギャル服を脱ぎ捨てた者の多くが、クイーンズコート、ビッキー、アプワイザー・リッシェなどのより無難で男性受けがよく、露骨なセクシーさより可愛らしく柔らかいブランドの服に落ち着いていった。ファッションの無難化は、女子高生という定点的なところだけでなく、女子高生本人の個人的な変化としても経験されていったのである。

軽薄で最強な「めちゃモテ」ファッション

２０００年代半ば、「JJ」「ＶｉＶｉ」「Ｒａｙ」と並ぶ４大赤文字系雑誌の一つであった「ＣａｎＣａｍ」の発行部数が最大で80万部超という一大ブームを巻き起こした。そのブームを牽引したのは蛯原《えびはら》友里《ゆり》、押切もえ、山田優《やまだゆう》ら当時の人気専属モデルで、それぞれ少しずつテイストの違うファッションを担い、蛯原友里の着こなしを真似する「エビちゃんＯＬ」は当時の週刊誌などでもその名を取り上げられている。ややマニッシュで大人っぽい山田優ファッション、カジュアルを取り入れた押切もえファッションに比べて、フェミニンで女性らしい甘さのあるエビちゃんＯＬのファッションは、街角やキャンパス内、会社内で多く見られ、アプワイザー・リッシェなど代表的な人気ブランドは大いに売れた。

誌面では、写真に架空のラブストーリーをつけて蛯原友里を全面的にフィーチャーするＰＨＯＴＯ連載「エビちゃんシアター」が人気を呼び、２００６年春にはその連載をまとめた増刊号も発売される。２００８年の12月号（Ⓐ）で大々的に「卒業」するまで、ＣａｎＣａｍという雑誌全体の雰囲気を牽引する看板的存在であった。

９０年代後半から２０００年前後に部

Ⓐ「CanCam」2008年12月号

数的には全盛期にあったJJファッションとエビちゃんOLのファッションを単純に見比べると、類似性がありつつどこか雰囲気の違いが嗅ぎ取れる。高級ブランド志向はやや落ち着き、より柔らかく、軽やかで、万人に不快感を与えないファッション。おそらくその辺りに、CanCamブームを支えた「めちゃモテ」Ⓑのコピーの真髄がある。

仏文学者であり、2011年までは関西のファッションを牽引する神戸女学院大で長く教鞭《きょうべん》をとっていた内田樹《うちだたつる》は、当時の学生とのやりとりからこの「めちゃモテ」とはどんな状態かについて著書の中で分析する[1]。

Ⓑ「CanCam」2006年5月号

> ただの「モテ」ではない。「めちゃモテ」である。
>
> 「めちゃ」という副詞部分にこの雑誌のコンセプトの卓越したオリジナリティはある。
>
> 『ＪＪ』のファッション戦略が「本命男性ひとりにとことん愛されること」であるのに対して、『ＣａｎＣａｍ』のめざすところは「万人にちょっとずつ愛されること」である。
>
> だから、「めちゃモテ」のターゲットは必ずしも結婚対象の男性だけとは限らない。
>
> 例えば、女子アナがみな『ＣａｎＣａｍ』系「めちゃモテ」ファッションでまとめているのは「子どもからお年寄りまで幅広く受け入れられるためではないか」〔…〕

そもそもモテるとはいかなる事態かと考えれば、自分のターゲットであり自分も興味を寄せる相手であるかどうかにかかわらず、むしろ自分にとって興味が持てない相手からも興味を寄せられること、と言うことができる。俗な言い回しに、モテると愛されるは違う、モテ＝幸福じゃない、といったものがあるが、それは案外モテという事態の本質を突いていて、不特定多数の目を引く、自分が恋愛対象にしていない相手からも好意を寄せられることを通常はモテると表現する。

ＣａｎＣａｍの場合、そのただでさえ重みのないモテという言葉に、より一層軽薄な「めちゃ」という副詞をつけたことで、人生計画や経済戦略の重みからファッションを切り離した。ただし、それは男性目線からの切り離しを意味せず、むしろ全方向の男性受けが総じて良いものを選び取り、「万人にちょっとずつ愛されること」を目指した。「モテ」という究極の対外評価を前面に押し出すことで、自分への価値付けを男性に開け放してはいるものの、そこから結婚や経済的依存などの最終目的を分離した状態と言える。むしろファッションだけでなく、恋愛を結婚からある程度切り離し、私生活を彩り、楽しむための恋愛を重視する傾向が見える。「エビちゃんシアター」がラブストーリーとして展開し、主婦を目指す方向でも女性としてのキャリアを充実させる方向でもないところで盛り上がるのはその好例だろう。

２０００年代半ばはちょうど私が大学生から大学院生になる頃とリンクするため、神奈川県の辺境にある私の通っていた大学でも構内には、淡い色のアンサンブルや、デニムジャケットに白い膝丈ワンピースといったエビちゃんＯＬファッションの学生が散見された。

１９７０年代後半から８０年代前半生まれのエビちゃんＯＬ・女子大生たちは、母親の多くが専業主婦であり、自分は専業主婦をゴールとしない世代である。幼少期にバブルは崩壊し、長く不景気とされた時代を少女として過ごし、また女性たちの学歴志向やキャリア志向が自明なこととされた彼女たちの世代に、JJ的な結婚に絶大な信頼を寄せる価値観は徐々に薄れていた。

かといって、社会全体にフェミニズムやキャリア女性が浸透していたわけではなく、一方では根強く男性から愛されることこそ女性の幸せという旧来的な幸福感が居座る。むしろフェミニズムが積極的に叫ばれた８０年代への一時的な反動として、女らしさをしきりに取り戻そうとする現象は日本に限らず各国で見られた。バックラッシュやポストフェミニズムなどと呼ばれたその現象は、ある意味では過度に男女平等や正しさを突き詰めた結果、女性としての欲望が蔑《ないがし》ろにされていると感じた女性たちの正直な気分に下支えされていたとも考えられる。しかしそこで、無邪気に男性への経済的依存を１００にできるほど時代に余裕はない。むしろ目下、雇用環境は悪化、リーマンショックと年越し派遣村の２００８年の再来かと思うほど日本社会は追い詰められている。素敵な男性に選ばれることを一義的な目的として努力したところで、自分の望む生活水準を期待できるほど高収入な男性がその辺に転がってはいない。かといって十分に学歴や知識そのものを身につけた女性たちの目に、清貧な専業主婦は全く輝かしくは映らない。

「素敵な男性と結婚して幸せになる」は一方では叶わぬ夢として、もう一方では魅力のない旧来型価値観として、いずれにせよリアリティも実現可能性も薄れていった。女性らしさや女としてのプライドを損なわずに時代に適応する、いわば保守派女子の一つの解として導き出されたのが、お嬢様による結婚戦略というJJの価値観より些《いささ》か軽薄な、「めちゃモテ」ブームであった。恋愛やファッションで女らしさを意識して強者となりつつ、その先にある社長なり社長夫人なりの選択は保留とする。

対外評価を基盤にした言葉を使いながらも結婚という最終目的を離れたところで巻き起こる「めちゃモテ」は当然のことながら、自ずと女性たちの自分のテンションを上げるためのモテファッションの様相を帯びてくる。目的が外れた手段の方に熱い視線が集まるのだから、ひとまず目的は可愛いとか楽しいとかいう気分の高揚になるのは自然な流れである。それはアンノン派やJJ派と呼ばれたかつてのOLたちの、自分の着たいファッションvs結婚相手に選ばれるファッションという二項対立を超越し、みんなから愛されることで自分のテンションを上げるためのファッションという他人任せでも自己完結でもない複雑さを孕んでいた。

日本のポストフェミニズム的流行現象としての「めちゃモテ」ブームを分析した高橋幸《たかはしゆき》は、従来の家庭内分業的性別役割とは地続きのようでいて別個の、新しい性的差異が獲得され強化される運動としての側面に注目した。[2] ＣａｎＣａｍブームの中で起きたのが、「ケア役割と親和的な『伝統的』性別役割としての女らしさ志向というよりも、恋愛の場面を念頭に置いた『女らしさ』を強化するふるまいの流行」であったとした上で、「他人から好かれたり、ちやほやされたりする状態になりたいという欲望とそのための努力によって、既存の『女らしさ』が積極的に学習され、新しい『女らしさ』が引き受けられている」と考察する。

そして「モテ」という評価主体を外部の男性に依存した言葉には、追求すればするほどステレオタイプ化してしまうことと、コントロール不可能な他者という存在との関係に投げ込まれることの二重のトラップがあるからこそ、「女性たちは、自己目的的に『モテ＝かわいくなること』を追求するという態度を強める」と指摘する。

それは一方では社長夫人を目指せなくなった／目指す必要がなくなった女性たちの、かつてのJJ的価値観の緩みのようにも見えるし、JJが提案し続けた男性視点によって付加される女らしさが、結婚神話なしで存続していくためのエクスキューズにも見える。JJ

のように将来を見据えた安定がなく、かといってギャル雑誌ほど刹那的な若さに頼ることもないそれは、それなりに経済的な自立が約束されながら、社長や社長夫人のリアリティは薄れた、非常に現実的な女性たちの気分だった。この、重い最終目標から自由になった、可愛くなる、恋愛を楽しむ、テンションが上がる、という軽やかな目的のための「モテ」はしかし、強烈に当時の女性たちを引きつけ、一時のＣａｎＣａｍ一人勝ち状態を作り上げたのである。

「コンサバ」の呪縛

「女のこの夢はいつも単純　愛して愛され　それだけでいいの」
「女のこの夢はいつもフクザツ　愛して愛され　でもそれだけじゃヤなの」（『危険な二人』）

１９９２年に岡崎京子がそう描いた頃、JJは愛して愛されそれだけでいいの、という目標にブレずに重きを置きながら、愛して愛されでもそれだけじゃヤなの、の部分を補う魔法をたくさん使って、女のコたちを満足させた。その後、女のコの、「それだけじゃヤなの」の部分はどんどんどんどん複雑に、多様に、幅広く広がっていく。

ＣａｎＣａｍが軽やかに「めちゃモテ」を煽り、結婚神話なしの女らしさを構築していくと同時に、赤文字系本家のJJは、徐々に一時期の勢いを失っていった。２００６年10月号からは軽薄な「モテ」に対抗するように、より血統や学校ランクを意識した重厚な「令嬢」路線などを打ち出す。ＶＥＲＹの成功により、ハイスペックでおしゃれな専業主婦を目指すというJJラインは健在であったものの、結果的に、不況の中で就職活動に邁《まい》進《しん》していく女子大生にウケたのは、選ばれし令嬢を目指すことよりも、みんなから少しずつ愛され、それによる気分の高揚を楽しむ「めちゃモテ」の方であった。

もともと自立志向やキャリア志向が強く、おしゃれの中にも個性や自分らしさを見出すアンノンＯＬと対比したときの、男性目線を大いに意識してより良い条件で女性としての幸福を模索するJJの時代は終わりつつあった。令嬢路線というJJ的保守本流の初心に戻った誌面作りをしてはみても、２００３年頃から低迷しだした雑誌の発行部数は、この時代には20万部前後と全盛期や当時のＣａｎＣａｍと比べると大幅に下落する。

この時期、出自や住んでいる場所、大学ブランドにこだわり、そのこだわりを上品なフアッションで表すという従来路線がそれほど求心力を持たなくなった理由はいくつか考えられる。

バブル期に若い女性という年代に入っていった世代や、少なくとも真下でその世代を見ながら、親世代のバブルにあやかっていた世代に比べて、８０年代以降生まれの世代は早々にバブル崩壊を経験し、不況の中で学生になっていったため、育ちの良いお嬢さんというJJ的ロールモデル自体があまりいなくなった。というか、本来、発行部数を見れば自明なように、JJの全盛期を支えた読者の多くが本当に神戸や山の手のお嬢さんだったわけではおそらくなく、ある種の理想形としてあたかもそうであるかのように装うことを提案されていたわけだが、それを装うこと自体が時代の中でリアリティを失ったと考えられる。

さらにすでに指摘したように、一部にフェミニズム的な言説からの揺り戻し的保守化、つまり女性としての幸福や男性に選ばれたり守られたりする心地よさの再評価の傾向があるとはいえ、大学生の頃から将来は専業主婦を目指すという道はかなり限定的になった。ＶＥＲＹ妻がブームになっていった背景には、その選ばれし希少性が少なからず作用していたわけで、人によっては根強く好条件の結婚への道を目指していたとしても、学生全体の雰囲気として「シロガネーゼ」は具体的な目標として真上にあるという感覚は薄れていた。平均的な初婚年齢はすでにゼロ年代には27歳を超えて推移しており、大学生から見れば結婚は具体的に対策を施すには随分先の予定でしかなくなっていた。

日本はめちゃモテブーム下どころか、２０２１年現在でも、ジェンダーギャップに関しては先進国の最後尾から牛歩《ぎゅうほ》のスピードで進化している程度ではある。男らしさや女らしさ、女ならではの幸福感や女として生きる道という概念も、諸外国に比べると旧来型の憧れが根強く残っているとそこかしこで指摘されている。ただ、「めちゃモテ」の流行でわかるように、それが男女雇用機会均等法や共同参画社会以前と、あるいはサザエさんが描かれた頃と、全く同じ価値観の踏襲に終始しているわけではない。女の幸福が根強く男の幸福と区別される傾向こそあれ、女の幸福の形は徐々に変化している。そうでなければ、これだけ男女不均衡を指摘される社会で、これほどに晩婚化と少子化が急速に進むとは考えにくいのだ。

そんなわけで、新しい時代の女のコたちにまさに刺さるという点で「めちゃモテ」に後《おく》れをとっていたJJは、２０１０年前後に「おしゃＰ」という新たなキーワードを頻出させるようになる。おしゃＰとは、「おしゃれプロデューサーズ」の略で、カリスマ販売員を経てブランドのディレクターやプロデューサーを務めるようになった人、人気のプレスやデザイナーなど、ファッション界におけるクリエイターとミューズを一人二役でこなすような女性たちを指す。今日でいうインフルエンサーに限りなく近いが、インスタグラムなどのＳＮＳ全盛前夜に彼女たちは雑誌誌面上にてファッションや私生活を紹介されていた。

２０１０年９月号（Ⓒ）では、「教えて　おしゃＰ！」と題された実に84ページの特集が組まれ、61人のおしゃＰたちによるトレンド予測や着回しコーディネート、買い物内容から交友図までが紹介されている。「今、日本の『カワイイ』を作っているのは、まさにこの61人のガールズクリエイターたちです」と冒頭で紹介されるように、おしゃれ上手な読者モデルより一段上の、しかしあくまでプロフェッショナルとして本業を持つという意味ではプロの専属モデルともまた別の存在として、おしゃれ業界の女性たちを新たなミューズと設定したのである（Ⓓ）。

登場しているのは元カリスマ店員でブランド「ＫａｒｉＡｎｇ（カリアング）」プロデューサーとしてテレビなど他のメディアにもたびたび登場していた森本容子や、元読者モデルで人気ブランド「ＭＥＲＣＵＲＹＤＵＯ（マーキュリーデュオ）」のプロデューサーである渡辺由香、同じく読者モデル出身の「ＥＭＯＤＡ（エモダ）」プロデューサー松本恵奈、セレブ社長として注目を集めていた「ｔｉｎｋ ｐｉｎｋ（ティンクピンク）」代表取締役の福王寺《ふくおうじ》彩野《あやの》らだ。バリバリと働くキャリア志向とは一線を画した人生観を提示し続けたJJの提案する「働く女性」像が、モデルとしてもブランドのプロデューサーとしてもファッション業界を引っ張っていく、女性ならではの職業であったことはそれほど不思議ではない。

モデル並みのルックスを持ちながら、クリエーターも名乗る彼女たちは、働き、消費し、いい女でもあり続ける、という意味で、現代女性が目標にするに足る要素を兼ね備え

Ⓒ「JJ」2010年9月号

Ⓓ「JJ」2011年6月号

ていた。例えば２０１１年７月号（２１１頁・Ⓔ）の特集「夏だ！ボヘだ！おしゃＰだ！」などのように、おしゃＰがシーズンのトレンドスタイルを提案する企画では、通常スタイリストや企画編集の担当者が担う「仕事っぽい」部分と、モデルが担う「消費っぽい」部分の両方を同一人物が担うという特徴がある。実際に誌面を彩る華やかさがありながらブランドのトップとして辣腕《らつわん》を振るっているように見えた彼女たちは、社長になるか社長夫人になるか、の双方の良いところをとって、社長夫人を目指していたかつてのＪＪ女子大生たちの優雅さや上品さや贅沢を残したまま、社長としてキャリア願望も叶える。

「可愛くもありたいし尊敬もされたい」というのが、男性と少なくとも表面上は同じだけの教育の機会が与えられた時代の、働くことを前提とした女性たちの本音レベルの願望であったことは間違いない。旧来的な女らしさと決別する準備はなく、しかし新しい時代に即した欲望も生まれつつある、そんな時代にＪＪが提案した現象としてのおしゃＰの存在は興味深い。

ただし、元ギャル系ショップ店員や時代トレンド真っ只中の彼女たちをフィーチャーしまくった誌面は結果的に、ＪＪが維持していた独自のブランド意識やヒエラルキーの基準をひっくり返すことにもなった。これまで誌面のファッションセンスがややお水系やギャル系に寄ることこそあれ、根底にあったJJらしさが、徹底的に見直されたのがこの時期であった。この時代、JJの平均的な実売部数は7万部から8万部まで低迷し、同時に長く雑誌の根底に流れていた血脈が失われつつあるように見えた。

正確に言えば、この時点でJJの根底にあった「（愛人や性の対象ではなく）あくまで本命彼女であること」にこだわる思想が失われたと結論付けるのは性急ではある。誌面ではおしゃPたちの恋愛や結婚をフィーチャーした企画が展開されることもあり、モデルやブランドプロデューサーとして第一線で活躍する彼女たちであっても、恋愛や結婚に興味がないわけではもちろんなく、きちんと本命の恋人がいて私生活が疎《おろそ》かにならないことは強調されている。ただし、読者らがそこから受ける印象は、誰かに選ばれることで特別な存在になるかつてのJJ女子大生たちよりは、ギャル雑誌や他のライフスタイル誌などで散見されるカップル特集などに近い。同じように両思いのカップルになるのだとしても、誰かの本命彼女としてのポジションにプライドを置くのと、あくまで自分が充実したキャリアや知名度を持ちながら、恋愛結婚も充実させて本命の素敵な彼をゲットするというのでは意味合いが変わる。誌面に立ち現れるイメージのこの微妙な意味合いの違いは、「あのJJ」の方向性が変わった、と読者たちに認識されるに十分だったのではないか。

これには保守本流（＝コンサバ）の女の生き様としてＶＥＲＹ妻まで一貫した哲学を持っていたJJブランドが強固であったがゆえの不運が関係している。時代の変化とともに、コンサバであることがつまらない、時代遅れである、男性依存的であるなどの意味合いを帯びる中、多くのそれまでのコンサバ系、つまり赤文字系雑誌が新しい方向を模索しだした。そして、同じ赤文字系でもＶｉＶｉが大人ギャル系に舵を切ったり、Ｒａｙがより女のコ受けに特化したカワイイ系ファッションになったりしても、大きくブランドが損なわれることはなかった。しかし、大学間の序列や居住地のブランドなどにまでこだわってコンサバの本流を築き上げ、「ニュートラ」「神戸エレガンス」など徹底的に上品さを守り続けたJJにとっては、コンサバなイメージはそう簡単に払拭《ふっしょく》できるものではなかった。結果的に、雑誌の根幹に関わる思想が揺らぎ、迷走しているように認識されていた節もある。

消えた高級ブランド

おしゃＰが誌面を賑わせる２０１０年前後になると、かつてJJが強固にしてきた、大学や職業のヒエラルキーは多くの場面で無効化された。登場する読者モデルたちの大学名などは２０００年代から多様化し、例えば２０１１年７月号（Ⓔ）の「大学生おしゃＰのリアルＬＩＦＥに密着！」で登場するのは、専修大、中央大、立教大、成城大、日本女子大、関西大、武庫川女子大、神戸松蔭女子大、椙山女学園大と、やや女子大の多い傾向は見て取れるものの、基本的に法則性がない。

　２０１３年から２０１４年に連載として掲載された「JJ大学案内」は、慶應や青学はもちろん、明治や早稲田、中央などまで網羅《もうら》し、それぞれのキャンパスでウケの良いファッションをやや無理矢理なこじつけ感はあるものの、紹介する。それは、９０年代頃までどちらかと言えば男子学生に人気の印象があった大学で女子学生が増加し、それによってファッション民度も上がったという大学側の事情も大いにあるが、雑誌自体が多様性に気を配った努力の成果とも取れる。

　特に、２００４年に国際教養学部が設置された早稲田は、ドメスティックでバンカラな印象が残っていた９０年代の印象からガラッと変わり、学生数の多さも手伝って、赤文字系雑誌の読者モデルを多く輩出する。先述のように、慶應ＳＦＣやＩＣＵも含めた国際系学部はJJ誌面上でも人気で、２０１４年にはそういった比較的帰国子女や留学生の多い学部を「外資系キャンパス」と呼んだ特集も組まれる。

　大学や居住地への強固なブランド意識が薄れていったとともに、２０００年代を駆け上がるJJにはかつてのような海外ハイブランド志向や強烈な神戸・横浜ブランド志向はそれほど見て取れなくなった。掲載される衣服も徐々に「プチプライス」のものが主流になっていき、女子大生としては現実的かつ健全な印象となる。

　景気低迷が長引いたことは確かに理由の一つであり、渋くなっていく就職事情や２００８年リーマンショック以降の非正規雇用切りなどで、若者の高級品を求める傾向は女性に限らず男性の間でも減退する。大企業の社員でも車や高級腕時計を持たない生活を選ぶ者が多数派となり、女子高生の財布が全員ルイ・ヴィトンであるような異常事態も収束した。

　それに加えて、２０００年代前半に、グッチやシャネルなど海外ハイブランドの日本法人が出揃い、雑誌の編集において、１９８０〜９０年代ほど自由な誌面構成が不可能になった事情もある。９０年代のJJ誌面を見ると、コーディネートに合わせた高額なブランドバッグなどには、かつて女子大生たちがこぞって海外ブランド品を買いに出かけた南青山のセレクトショップ「トコパシフィック」などの名前が頻出しており、ブランドからの介入なく比較的自由に誌面作りが可能だったことが窺える。現在のファッション誌では、高級ブランドはそのブランド特集の中でのみ提供されることが多い。女子大生を主要読者とするファッション誌が気軽に海外高級ブランドを使ったコーディネートを紹介できる時代の終焉が、若者の現実志向とリンクして、誌面上から高級ブランドの存在感が目減りしたのは興味深い。

また、表紙のモデルも様変わりした。AKB48メンバーである前田《まえだ》敦子《あつこ》（Ⓔ）や大島《おおしま》優子《ゆうこ》、「おしゃP」の松本恵奈（Ⓕ）、歌手の西野カナらが飾る表紙には、かつてのJJ的価値観の体現を表象する意味は薄れていった。

Ⓔ「JJ」2011年7月号

Ⓕ「JJ」2011年4月号

身に纏うブランドよりも、どんな仕事をしてどんなおしゃれをするかを重視しだしたこの傾向は、時代と折り合いをつけ、多様化を意識したものだったのであろうと推察できる。実際、２００２年に大学生になり、就職活動をして２００９年に社会人になった私自身の個人的な感覚としても、目指せ上昇婚というJJがかつて掲げていた強力な思想は２０００年代半ばには古いものになっていた。また、米澤泉が著書[3]の中で注目したような、お嬢さんJJであるがゆえの「お母さんと一緒」の傾向も、女性が自分で人生を切り開くという女性活躍を掲げる社会とはそれほど相性が良くはなかった。

Ⓖ「JJ」2009年5月号

米澤が分析する「ブランド好きはママゆずり」（１９９６年８月号）、「ママのバッグは世界一」（１９９７年７月号）、「ママも私も大好きでいつもＧＵＣＣＩがそばに」（１９９８年１月号）などのコピーは全て９０年代までのものであり、令嬢路線を脱した後はそういった傾向は激減する。

そしてJJも、結婚を目指すための助走期間としての若さ、という女子大生の位置付けを見直し、ロールモデルも男性目線の高級な女から、自分のスタイルを持ち、自分の仕事を作り出すおしゃＰなどへと変化していく。これは時代の流れを考えれば正しい変質ではあるのだろう。その代償として、令嬢路線以降のJJは、誌面を見ただけでは、他の赤文字雑誌などとそれほど根底の思想が変わらないものになりつつあった。時代に不向きな独自性を払拭し、常識的で多様な誌面構成をするJJが力なく掲げたのは「自分の仕事や趣味を仕事として、自分らしく生きる」（２００９年５月号・Ⓖ）という、アンノンだろうが赤文字系雑誌だろうが、ストリート系の青文字系雑誌だろうが、どんな雑誌にも据わりの良い、正しいコピーだった。それは他のファッション誌もそうで、さらに言えば、高校や大学キャンパスで見かける女性たちのファッションにも言えることだ。制服化したギャルやJJ系を脱ぎ捨てた女性たちのファッションは、ジャンル分けができないという意味で自由になったが、逆に強烈な個性を放つことも放棄した。多様化を目指さざるを得ない空気は、皮肉なことに徐々に雑誌の均質化、女性ファッションの均質化に繋がっていく。

女性編集長という事件

２０１２年、JJは大きな変革期を迎える。それまでの約37年間、一貫して男性だった編集長を初めて女性が務めることになったのだった。無論、多くの女性誌が一定の時期まで男性編集長を起用していたのは、出版社内の人材の厚みなどを考えればそれほど不思議ではないが、女性の登用が増えて以降も「男性目線」を雑誌にとって重要な要素であるとしていたJJにとって、これは事件であった。創刊編集長で光文社社長も務めた並河良《なみかわりょう》、第2代小井《こい》貞夫《さだお》、梅宮アンナや梨花の起用で爆発的な売り上げを記録した第3代牛木正樹に顕著なように、JJは常に男性主導で、彼らの好みを色濃く反映して作られてきた。

JJが結婚＝女性の幸福を大まかな女性たちの人生設計の根幹に置き、それを手に入れられる女性になることに重きを置いていた編集方針を思えば、この圧倒的な「男性目線」には必然性があった。女子大生にとって多くの「こうなりたい」や「あれが欲しい」を作り上げてきたJJだが、それは女性目線で今求められているものを追求したわけではなく、あくまで男性の願望や想像ベースで素敵なお嬢さんやいい女を形作ってきた結果だった。女性誌激戦時代、赤文字系雑誌の部数が伸び悩み、加えてニュートラや上昇婚という雑誌の根幹がすんなりとは通用しなくなった折に、「令嬢路線」「ゴシップガール路線」「保守路線」「おしゃＰ」などと目まぐるしく雑誌のイメージの変容が目立ったのは、この男性編集長たちの好みや方針に大きく左右されたからだとも言える。

　事実、２００１年１月号から２０１２年１月号までの12年間で編集長は実に７回も交代しており、なかなか時代にハマるコンセプトが打ち出せない中、多様化する男性の好みを編集長を入れ替えることで色々と試験的に模索していたことが窺える。そしておしゃＰ路線を打ち出し、ＡＫＢ48の前田敦子や大島優子を表紙に起用した時代に部数は10万部を切って７万〜８万部まで低迷し、それまでこだわってきた「男性目線」を手放すという大きな決断に繋がった。

　初の女性かつ、就任時最年少だった編集長は当時31歳。学生時代にJJのライター募集に応募し、２００１年から２００６年まで刊行されていたJJの妹版雑誌である「JJｂｉｓ」の編集部やJJ編集部を経た、生粋のJJ育ちだった。JJの伝統である男性主導ではないが、JJの精神を実践として生きてきた経験がある。こうしてJJは、JJ読者たちが結婚するべきエリート男性たちが男目線満載で作る雑誌から、JJ的精神を理解しつつも現在を生きる女性が作る雑誌となった。この方針は奏功し、一時実売部数を上向かせるほどの求心力を見せる。

この時期の目立った方針としては、大胆にもJJの読者ターゲットを「AROUND25歳」に引き上げ、女子大生の雑誌＝「赤文字系雑誌」からの転換を打ち立てたことだ。雑誌に大々的に「AROUND25歳の秋、『いい女ベーシック』宣言！」（2014年10月号）、「25歳のベストコスメ決定版！」（2015年1月号・Ⓗ）などと銘打ち、創刊から長く、女子大生のバイブルと考えられていたイメージを払拭していく。そういう中で、「今どきメンズが考えるカジュアル時代の『いい女』論」（2015年1月号・Ⓗ）といった、男性目線主体の特集も意識的に組み入れ、JJ的な価値観を繋ぎ止める。

ここに、男性や婚活を意識する年齢の上昇が背景にあったことを見て取ることは可能だろう。研究やサークルの、真剣に就職活動に勤しむ女子大生にとって、JJがかねて掲げる男性目線の良い女像や結婚市場で勝者となるお嬢さんといった概念はどんどん距離を感じるものになりつつあった。就職難の中、キャリア形成を考える多くの女子学生たちにとって結婚は、せいぜい随分先に朧《おぼろ》げにある希望であって、現実味を伴ってファッションに取り入れる類のものではない。ただ、就職して少し仕事にも慣れ、かつて女性としての幸福と言われた選択肢の存在を思い出す25歳であれば、そこにJJ的な精神が返り咲く勝機はある。事実、誌面上でも25歳はそのような年齢として位置づけられる（２０１４年10月号）。

25歳。就職して2年と少し。毎日尊敬する先輩を追いかけて、少しでも迷惑をかけないように、ということばかり考えていた2年間。

Ⓗ「JJ」2015年1月号

最近は、私宛ての電話も増えたし、一人で行動することも増えてきた。

ちょっと年上の彼からも、「最近仕事楽しそうだね」って。休日に彼と行く、大好きなお蕎麦屋さんでそんな話をしていると、なんてことない日常が、本当に幸せだなって気がしてくる。

この時期のJJは、表紙の紙質もマットで落ち着いたものに変わり、一時期主流となっていたアイドルグループなどを表紙に起用することもやめて、おしゃれで大人っぽい雑誌として働く年齢の女性たちにアピールすることを試みる。長らくJJで育って年齢を重ねてきた女性編集長が、男性目線で魅力的な「お嬢さん」に留まるのではなく、JJ的な価値観を肯定しながら、より現実的な「大人の女性」へシフトしていくことを提案したのがこの時期の『ガール』から『レディ』へ」という戦略だった。時代のファッションは顕著にカジュアル化の道を辿る中、JJもスニーカーやベーシックアイテムを取り入れたカジュアルなファッションを本格的に取り入れ出す。結果、大人目線、女性目線、そこに味付けするようなかつてのJJ的女のコ価値観を入れ込んだこの路線は、一時期の雑誌の延命には繋がった形だ。そして、この女性編集長はそれまで10年以上の間、クルクルと交代していた編集長たちと打って変わって7年以上も同職を勤め上げることになる。

　男性目線が女の良し悪しを決める基準となる、というのは、２０２１年現在に聞けば、諸悪の根源かつ時代遅れの悪しき慣習であるように聞こえる。男性目線を内在化したことによって生きづらくなった経験を語るエッセイが数多く出版され、男性によって価値を見出されないと自分に価値がないように感じるような実感は淘汰《とうた》されるべきものとされつつある。そしてかつての多くの女性間マウンティングや女性の争いが、実際は男性による値付けや使い分けを基準になされていたことも指摘され、男性の視点を介在させない自己のあり方が問われている。

　果たして、JJは男性目線を介在させた「女のコの理想」を最初から掲げて成立してきた歴史がある。時代に淘汰されるべき価値観だと一蹴してしまうことはいとも簡単で、かつてのJJ女子大生を、男性に選ばれなければ価値ある存在として自らを認識できない不自由な女性であったと、多くの現代女子たちが饒舌《じょうぜつ》に語ることはできるだろう。ただ、その男性目線の中で輝く女性たちが、一時の女子大生たちを、自分らの個性や男性にとらわれない生き方、といった、やはり流行していた文言よりも、強烈に惹きつけていたのは事実ではある。圧倒的に男性的価値観が支配的な社会で、そこに最上級の形で適応しながら、それを不自由の証ではなく、楽しめる状況として捉え、男性目線の大枠の中で、自らが魅力的と思えるロールモデルを見つけ、おめかしをして良い女として扱われることを楽しんだ。

　そして、それはやはり、時代の流れの中でどこかで行き詰まり、徐々に強烈な引力は失われていく。そこで、JJが一つの解として見出したのは、JJ育ちの女性目線という新しい雑誌の成立であり、女子大生から距離が離れた結婚をより身近に感じられる年齢層へのアピールだった。

　その方針で延命したJJも雑誌全体の不況の中、例外的に好調な雑誌として名を連ねるには至らず、２０１８年になると新路線の求心力にも限界が見え始め、２０１９年８月号をもってJJの歴史上唯一の女性編集長は退任する。彼女が手がけた最後の号の表紙コピーは「カッコいい女２・０は『Tシャツ』で自分を語る！」。時代に最大限に譲歩したカジュアル特集で女性編集長時代は幕を閉じた。

1・内田樹『ひとりでは生きられないのも芸のうち』文春文庫、２０１１年

2・高橋幸『フェミニズムはもういらない、と彼女は言うけれど』晃洋書房、２０２０年

3・米澤泉『私に萌える女たち』講談社、２０１０年

第6章

♦ JJの終焉と「自由」な若者たち

「普通のお嬢さん」はイヤ

ここに4冊のJJがある。2019年の9〜12月号。史上初の女性編集長が7年以上の任期を終えて退任した直後、JJは再び男性編集長を迎えて新たなスタートを切った。その直後の発売号であるこの4冊は、いわばJJがプライドを捨てて、愚直に今の女のコたちの好きなものや思っていることに向き合った、実験的な試行錯誤の軌跡と言える。一度主要な想定読者層をaround 25に引き上げ、働く女性たちを焦点化したJJだが、その後、再びターゲットを20歳前後の大学生に戻している。ゆえに、この4冊も登場す

Ⓐ「JJ」2019年9月号

Ⓑ「JJ」2019年10月号

るのは10代後半から20代になったばかりの学生が中心だ。

9月号（Ⓐ）では「私たちａｒｏｕｎｄ20世代がいま着たい服、行きたいところ、やりたいこと全部！」と題して、国内10都市と、若い女性たちの間でファッション震源地となりつつあった韓国で、７００人以上の女性たちのスナップと取材を掲載している。続く10月号（Ⓑ）は「２０１９年ＴＯＫＹＯの流行りものＡＬＬ　Ｓｔａｒｓ‼」として、徹底取材をした9月号のスナップの中から若者の流行を抽出。11月号（Ⓒ）はその流行調査を元に秋のトレンドで誌面作りをするのだが、特徴的なのは表紙で、JJでは異例の、江口《えぐち》寿史《ひさし》のイラストの大きなワンカットとなって

Ⓒ「JJ」2019年11月号

Ⓓ「JJ」2019年12月号

いる。ジーンズメーカーのＥＤＷＩＮが江口寿史のイラストとコラボレートして展開していたコンテンツ「＃ジーパン女子」を大々的に取り上げた。

4冊目の12月号（Ⓓ）はよりイレギュラーな誌面構成で、ファッションやメイクに関するページを最小限に留め、「私たちの明日を変える53人」という特集が組まれる。起業家の椎木里佳《しいきりか》やインフルエンサーのｋｅｍｉｏら、インターネットなどを中心に注目を集めるJJ読者と同世代の人物に注目し、女性を中心としているものの、ＥＸＩＬＥ ＴＲＩＢＥの若手メンバーやジャニーズの新グループなど男性のインタビューも掲載した。「ａｒｏｕｎｄ20といえば、まだ自分が何者でもないという不安を抱えた世代」というイントロダクションで、様々な分野で活躍するキラキラな若手を集めた同特集に、かつてのJJ的価値観で結婚へ向かう読者のお手本的なモデルは登場しない。それぞれがそれなりの専門性を持って、あるいは何か結婚ではない目標に向かって活躍する者たちということになっている。「〝ありのままの自分〟に自信が持てた」とか「他人と違うのは当たり前」とか、大人が読むと若干鼻のかゆくなるような瞳孔《どうこう》の開いたポジティブワードが並ぶが、バレリーナから写真家まで、多方面の若手に注目した雑誌は、時代に好まれる姿勢や生き方を巧みに抽出していると言える。

この4冊に見られるような、街の感覚を取り入れる、という作業はJJにとって雑誌の成り立ちにも関わる重要なものである。尖った海外発のコレクションアイテムや、新進気鋭のデザイナーたちが提案する人と違うファッションではなく、「ごく普通の家庭に育ったお嬢さんたち」のファッションの流れに注目し、最も早くから現役大学生などの読者モデルを積極的に誌面に登場させていた同誌は、デザイナーやスタイリストの欲望よりも、街のお嬢さんたちの好みに寄り添ってきた。よって、７００人以上のスナップや50人以上の同世代インフルエンサーたちのインタビューは、雑誌成立の原点に立ち返り、今、街の女性たちがどんな好みや悩みを抱えているのかを誌面に反映させていこうとしたJJらしい取り組みだった。

ただし、多くのかつてのJJ読者である大人たちがその誌面を見たとき、おそらく単なるトレンドの変化だけでは回収しきれない、かつてのJJとの違いを感じる。街の女子大生たちが着ている服を取材することも、デザイナーによる提案型のファッションではなく読者の一人一人のスナップからファッション・トレンドを導き出すことも、かねてJJが貫いていた態度だというのに、である。

最も大きな違いは、堂々と「ごく普通の家庭に育ったお嬢さん」であることを引き受けていた読者たちと、「まだ自分が何者でもないという不安」を抱えた読者たちの感覚だろうか。かつてJJを愛した「お嬢さん」たちは、まだ女子大生である自分らが何者かである必要性を感じていなかった。ゆくゆくは妻となり母となる予定だった彼女たちは、その助走期間である女子大生やＯＬという身分を楽しんではいたが、何者であるかが確定するのは幸福な結婚や子育ての中であり、それまで何者かである必要がない。そして何者かになるための道筋は、JJが規定してくれるように「結婚」だとはっきりしているので、不安と向き合う必要もあまりない。

何もその時代に、自分の力で何者かになる女性がいなかったわけではなく、根強く残る男女不均衡の中で壁を壊しながら活躍する女性たちはいたし、JJ読者の中からだってそのような存在は誕生した。それでも、何者でもない期間を彩るJJが多くの支持を集めたのは、運命の相手に出会って初めて何者かになるような、かつての少女漫画にあった枠組みが基本的には機能していたからだろう。そしてそれは一つの雑誌を形成する程度には大きな集団であった。つまりJJは街のトレンドを吸い上げるとはいえ、「JJ的」な生き方の中心にあるような女性たちを抽出していたのであり、だからバンドブームがあろうとヤマンバギャルが流行しようと、パリコレそのままっていう感じの尖ったおしゃれさんが街を歩こうと、彼女たちが誌面上に登場することはなく、それがある意味で雑誌の統一感やカラーを守っていた。

対して時代が進み、女性の生き方なるものが多様化し、少なくとも多数派のレベルで「お嫁さん」を目指すことが必ずしも幸福の指標とはならなくなった女性たちは、結婚して初めて何者かになるというストーリーには乗らない。つまり自分自身の力で何者かになる必要に迫られた彼女たちは、たとえ20歳前後であっても「ごく普通の家庭に育ったお嬢さん」というレッテルだけでは飽き足らず、「まだ自分が何者でもない不安」を抱えて生きている。そういった街の雰囲気を察知するメディアは、できるだけ多様な形でその不安と何者かになりたい欲望に応えようとする。２０１９年末のJJが、街で抽出し、誌面に叩きつけて見せたのは、そういった意味で時代に忠実な女性たちの姿だったと言える。

誰がJJに相応しいのか

20歳前後の女性たちが何者でもないのは、今も昔もそう変わったことではなく、雑誌が何者かになるための道筋を示すという点でも、全く雰囲気の違う９０年代のJJと

２０１９年のJJがやろうとしていたことは似ている。ただし、何者かになる道筋が結婚という答えを持っている前者には、はっきりした読者層が想定できたのに対して、道筋が結婚一つじゃない、それぞれが自分の力でその道筋を見つける、ということ自体に価値のある時代の後者は、街の女性たちの誰がJJ誌面に相応しいかという基準を持たない。

　これは、雑誌が直面した大きなジレンマだ。この雑誌を読めばこういう「何者」になれるというように、一本筋が通っていれば誌面作りには一貫性があり、スナップの対象者を選ぶ基準があり、読者層が絞り込める。そしてその「何者」が魅力的であれば、雑誌の持つ求心力は強固になる。しかし近年の女性たちに好まれる言説は、JJのインタビューでもしきりに登場するように、「自分で信じたスタイルを突き進む」であるとか、「自分に集中」であるとか、「自分を直視すること！」といった、何か外部の力に頼らずに自分の内側から出るエネルギーによって何者かになる、といったものである。それでは、雑誌に何かを規定されること自体が彼女たちの欲望とは矛盾することとなり、当然「何者」かになる道筋を一つに絞られることはむしろ強い抵抗感を引き出す。

　それでは、彼女たちがメディアを必要としていないかと言えばむしろ逆で、ＳＮＳのような参加型、コミュニケーション型のメディアを含めれば、月に一回ファッション誌を買っていた世代とは比べ物にならない量の情報に触れていたいと考える人が多いことに間違いはない。ただしそのメディアは何かを規定するものであってはならず、多様な生き方を例示したり、多様なスタイルを並べたりして、多様な「自分」のあり方を並列していなければ良質とはされない。何かを規定せずに並列するのであれば、それは、どのファッション誌も、あるいはネットも含めたどのメディアも、それぞれの色を持つのが困難になる。

ここに一つの皮肉がある。おそらく70年代、80年代、90年代とどの時代と見比べても、今の女性たちは成長したと言えると思う。女性たちの感性を豊かにしたのはもちろん学問や異文化交流や映画や本であるが、ファッション誌もまたその役割を担った。つまり女性たちに新しい価値観を見せ、文化を教え、豊かにしてしまったがゆえに（とあえて言うが）、女性たちはファッション誌を手に取らない、つまり「自分で決める」ことを重要なアイデンティティとする存在になった。実験的に街の匂いを抽出したJJが発見したのは、そういう自己矛盾的な状況ではなかっただろうか。雑誌は若者文化や女性のファッションにとっては中核的なメディアとしてその役割を追求した先に、雑誌というメディアには収まらない欲望を育てたと言える。

2019年の4冊のJJの誌面が、かつてのJJよりも同時代の他の雑誌と似通っていて、インスタグラムなどのメディアにすら近い印象を受けるのは、おそらく時代に肯定される正しさを愚直に嗅ぎ取った結果、JJなりの強固な価値観の提示をすること自体が今の女のコたちの欲望にそぐわないと誌面で体現したからなのではないか。事実、どのページも大変今どき感があり、女性たちに違和感を持たれない誌面に仕上がっているものの、表紙のロゴを隠された上で見せられたとしたら、これがどのメディアであるかを言い当てるのは困難なのだ。12月号に載った53人の若者たちもまた、JJ以外の若者向けメディアが全く同じ人物を焦点化してもそれほど不思議ではない。

　では女のコたちは、かつてのJJ的価値観を完全に捨て去ることに成功したのか？　と問うべきだろう。確かに花嫁修業や腰掛けＯＬなんて言葉は死語同然で今ではあまり聞かない。女子大生も、当たり前に結婚だけをゴールとして自分の専門性や何者であるかに興味を持たない、なんていうことはないし、それぞれが就職にやりがいや自分らしさを求めて邁進する。ＳＮＳでは趣味やおしゃれを誰でも気軽に発信し、自分が何者かになれる可能性を模索し、「普通」と戦い、恋愛や結婚こそ女性の幸福という価値観と戦う。恋愛を重要視しない若者、恋愛を全くしない若者が増加しているという話題をメディアが取り上げることもしばしばある。

反面、そのような新しい流れがある中で、それでも若い学生と話せば、恋愛が関心事項の中心にあることもあれば、彼女たちが20代で早々と結婚を選ぶこともある。20歳前後の女性たちは今も昔も多くの場合はまだ何者でもなく、単純な花嫁願望ではない形で、モテにもおしゃれにも恋愛や結婚にも興味がある場合だって多い。社会通念が変わり、個人の価値観も徐々に変容し、インフルエンサーや女子大生起業家など、20年前にはあまり見られなかった新しい存在が目立っているのは確かだが、新たな「何者かのなり方」を手に入れた少数のＳＮＳ上のヒーローたちの周囲には、新たな価値観をインストールしつつも緩やかに幸福を望む普通の女のコたちがいる。

上昇婚による幸福を目指す、創刊当初から続いたJJの規範が時代の気分に寄り添わなくなったのは確かで、だからこそJJは抜本的に雑誌の思想の見直しを図り、今の女性たちの欲望や気分を嗅ぎ取ろうとしたのだが、嗅ぎ取った結果、何か大きな価値観やありきたりの女性の幸福のストーリーをあてがわれるのを嫌う現在の女のコたちの姿が雑誌上に浮かび上がることとなった。「何者」かには自分ら自身のやり方でなってみせるという時代の雰囲気は、JJの上昇婚に変わる新たな生き方の規定を禁じたように見え、強い特色を失った誌面は確かにそれなりのトレンドとファッションやビューティーの基礎を押さえた情報を提供し続けはしたものの、徐々に他の雑誌やネットメディアとの差異化は難しくなる。

本来であれば、古くなった自らの思想を捨て去るだけでなく、何者かになる前のたくさんの女のコたちの拠り所となるようなライフスタイルや価値観を、時代と喧嘩しない形で見つけ出すことができれば、それこそ新たな時代を走り抜けなければならない女のコたちに必要なメディアの役割を担えた。通り一遍の価値観は古い！　と一蹴する女のコたちが、しかし実に個性豊かで多様化したかと問われれば、むしろ幅広いジャンルによって色濃く特色のあったファッションは全体として小綺麗にまとまり、閲覧しているメディアもそれぞれの好みにあった雑誌などではなくむしろインスタグラムやＴｉｋＴｏｋなど大きなものに収束し、大きなメディアの枠組みの中で無限の可能性を与えられながら、インスタグラムの中の写真すら誰も彼も結構似ている。

それどころか、お金持ちの男性とつき合いたいとか、おしゃれな都心一等地に住みたいとか、そんな欲望は個人のレベルではそうそう衰えずに見え隠れするし、奇抜さを嫌うコンサバティブで大人しめのファッションに多くの若い女性たちが落ち着いた様相は、JJの原点であるニュートラの目指すところとかなり近いように思えることすらある。社会通念や全体の持つ雰囲気とは違う、個人レベルの小さな欲望に寄り添う形で、かつて多くの女子大生に「ただの花嫁準備期間」を超えた若さを提案し続けたJJという雑誌の役割はまだまだ残っていたような気もするのだ。

ただ、スマホ世代の若者の雑誌離れは価値観の変容よりずっと加速し、多くの若い女性向けファッション誌は苦戦を強いられる。宝島社の「Ｓｗｅｅｔ」のように限定のグッズを付録につけて雑誌本来の意味の転換を図り成功した例はあるものの、ギャル誌やＣＵＴｉＥ系のようなさらに若い世代の雑誌から順番に体力を失い、休刊や事実上の廃刊に追い込まれていく事例が増えていった。

JJもまた、２０２０年の一時期、スマホに比べて重くて大きい雑誌の不利条件を克服すべく、雑誌を約半分のＢ５変型判の大きさに改変するなどの努力を重ねるが、その様子はまるで自信を失って縮こまったかのようで、売上の大幅回復には結び付かなかった。この時代の女のコたちの行動や生態をよく観察した愚直な試行錯誤を重ねるものの、徐々に「そこじゃない」改変が目立つようになり、ついに２０２１年２月号をもって紙媒体の定期刊行を休止した。２０２１年12月現在は、ウェブを主体に、若者に人気のインフルエンサーのインタビューや、ファッションの紹介を続けることでJJの名を留めている。

アラフォーたちの美魔女ブーム

若い女性たちの雑誌や○○系というジャンルへの帰属意識が希薄になり、かつて強固な価値観で女子大生たちの心を掴んだ雑誌群がその役割を見失い、生き方を規定する雑誌の代名詞だったJJが部数的にも雑誌制作的にも苦戦しだす。そんな中、JJの姉妹雑誌の中には、１９９５年からしっかり雑誌イメージと主要な読者層を強固なものにしていたＶＥＲＹの他にも、読者層を新たに作り出し、見事な躍進を遂げたものもある。２００９年８月に創刊された「美ＳＴ」がそれだ。

JJより少しお姉さんの20代半ばからアラサー世代をターゲットとするＣＬＡＳＳＹ.（１９８４年創刊）、30代からアラフォーの主婦を掴んだＶＥＲＹ（１９９５年創刊）に連なる40代女性を想定読者層として据えた「ＳＴＯＲＹ」が創刊されたのは２００２年。ＶＥＲＹの創刊時のコピーが「私たちの着る服がない」だったことに象徴的なように、それまでおしゃれの楽しみを「上がった」年齢層とされてきた結婚出産年齢以降の女性たちに、20代より高級で洗練されたファッションを提案し、人気を呼んだ。そのビューティー誌版として創刊したのが「美ＳＴ」である。

更年期障害が始まりだす40代の女性たちに、年齢を超えた美しさを提案する「美魔女」というコンセプトはブームを呼び、誌面に留まらず、ワイドショーやコンテストなどメディア横断的にブームを巻き起こした。年齢にとらわれない美を提案した割に、美魔女の定義は徐々に、「とんでもなく若く見える」「娘と友人に見える」という年齢にとらわれまくったアンチエイジングの側面ばかりが注目されるようになるが、それはブームの宿命とも言える。重要なのは美ＳＴが、それまで注目されなかった新しい需要を切り開いたことにある。

同誌の創刊編集長を務めた山本《やまもと》由樹《ゆき》は、ＳＴＯＲＹ編集部時代、女性たちがファッション雑誌を離れ出す45歳という年齢の読者にインタビューを実施、「最近はファッションより美容にかけるお金が増えてきました」という読者の言葉に注目した。[1] そしてそれまでの他社の人気ビューティー誌が20〜30代をメーンターゲットとしていることから、「老い」と正面から向き合う美容情報の不足に気づき、40代以上に特化したビューティー誌を誕生させる。

２０１０年前後、JJの発行部数の苦戦が続き、10万部を切る事態になっていた頃、

ＳＴＯＲＹの方は25万部と好調だった理由を、かつてJJを読んだ女子大生たちがちょうど40代に差し掛かってきたからと捉えることもできるが、雑誌を中心としたより強固な物語（＝ストーリー）を欲しているのが、若い女性たちから30代、40代の女性に移行したとも考えられる。かつて強固な価値観を頼りにしながら自分なりに人生を切り開き、結婚を幸福と読み替えて突き進んでいった女性たちが、JJやＣＬＡＳＳＹ．で恋愛や仕事をしながら作り上げてきた人生が一段落つき、幸福のゴールとされてきた結婚を手に入れる。しかし、それでもそこを女性としての人生の終着駅としてしまうほど無邪気には戻れず、新しい価値観を求める。その一部が、ＳＴＯＲＹや美ＳＴの提案する、かつての「女性の上がり」を終わりとせずに、すっぴんで家にこもっていないで外に出続け、めかし続けることだった。

　前出の山本はこのメッセージが多くの主婦層に刺さった背景に、その年代の多くの女性が抱えていた夫婦間セックスレスの悩みを見ている。すでにアンチエイジングのコスメや健康食品の市場が1兆円を超える大マーケットを持っていた２０１０年に、ＳＴＯＲＹが実施した読者たちの性に関するインタビューでは「夫は30歳以上は女じゃないと思っている」「夫には愛人がいるから、私も恋人をつくった」など、夫婦間で現役の女性として扱われていない女性たちの現実が垣間見える。ＳＴＯＲＹを読んでいつまでも綺麗であろうとしている妻たちでさえ、夫からは女性として評価されない現状を打開しようと考えついたのが「国民的美魔女コンテスト」と銘打った、「この年齢でこの若さって、魔法を使ってるとしか思えないよな」という評価を競うコンテストだった。

美しくめかした妻たちの中には、それでも振り返らない夫たちに愛想を尽かして外に出て恋人を作る人もいる。夫たちがそれに気づかないのは、つい彼女たちに対して妻や母であり、もう恋愛市場にいる現役の女性ではないという認識があるからだろう。コンテストは、家では妻であり母でしかない存在の女性が、外に出れば客観的にこれだけ評価されるということを知らしめる象徴的な機会となり、反響も大きかった。そして、現役の女性に具体的に必要な、服を脱いだときの美しさやハリ、外見的な装いに留まらない若さを補強していく役割を持っていたのがビューティー部門に焦点を当てた美ＳＴである。

外へ出て若さに負けない美を取り戻し、対外評価を得た妻たちの魅力を、夫も目の当たりにすることで、再び現役の男女としての関係を構築していく。そんな物語は、子育ても落ち着き、しかし平均寿命を考えればまだまだ人生のせいぜい半分という年齢の女性たちを、今後の人生も女として生きるに値するものだと思わせるのに一役買い、美魔女ブームはブームに終わらなかった。結果的に、40代の既婚女性たちの美意識は２０００年代後半から２０１０年代に飛躍的に上がり、母であり妻であり現役の女性でもある、という女性たちを作り出した。

これは長らく主婦たちの抱えていた、シンデレラも白雪姫も少女漫画も、幸福のゴールの先の物語がない、という問題を見つけ出した雑誌の功績だと言える。本来であれば、当時、ファッションに目覚めた女性が結婚するまではせいぜい10年から15年程度であったのに対し、結婚後の生活はその倍以上あったわけで、すでにJJやＣＬＡＳＳＹ．で華やかに装うことそれ自体の楽しみに目覚めた女性たちは、結婚後にいきなり女性を降りることを是としない。ウェブ媒体やスマホ文化が豊かに花開き、紙媒体を中心とした雑誌の役割が限定されていく中でも、ここに集まればこんな価値観を知ることができる、という生き方の参考書としての側面が生きている。

その具体的な作法についての情報は、ウェブ上に溢れる無料コンテンツも多く提供するところだが、散漫な情報の中では、頼り甲斐のある強固な価値観は、常にどこか曲がった形で広がりやすいのだ。「インスタ映え」という言葉が、時代の変化によってやや後退していたルッキズムの傾向を再び大きく推し進めてしまったように。

街角の消滅

２０００年代以降、廃刊や休刊、ウェブ媒体への移行や季刊誌への転換を余儀なくされた女性ファッション誌は、その後限定的に復活したものなども含めれば、「JJ」や「Ｄｏｍａｎｉ」をはじめ、「ＰＩＮＫＹ」「ＣＵＴｉＥ」「Ｚｉｐｐｅｒ」「Ｓｅｖｅｎｔｅｅｎ」「ＫＥＲＡ」「ａｎｄＧＩＲＬ」「ミセス」「ＨＥＲＳ」「ＦＲＵｉＴＳ」「ｅｇｇ」「ＡｎｅＣａｎ」「ＳＥＤＡ」「Ｊｕｎｉｅ」「Ｒａｎｚｕｋｉ」「Ｃａｗａｉｉ！」「ｎｕｔｓ」「ＭＩＳＳ」「ＧＬＡＭＯＲＯＵＳ」「ＰＳ」「Ｓｔｙｌｅ」「ＮＩＫＩＴＡ」「小悪魔ａｇｅｈａ」「すてきな奥さん」と、知名度が高い主要なものだけでも多数ある。時代を作るファッション誌だからこそ、ブームになればなるほどブーム去りし後に生き延びられないという現象はかねてからあるもので、そう不思議なことではない。

　雑誌はその誌名の響きに愛着のある読者がいるだけに、急で大胆な方針転換をすると愛読者からは抵抗感を持たれやすい。そして、雑誌に付随したイメージはそれが強固であればあるほど拭いされないものなので、その雑誌が提唱していたファッション自体が廃《すた》れるとともに響きが古くなってしまう宿命がある。例えば女子高生ブームやギャルブームだった90年代後半からゼロ年代初頭にかけて乱立したギャル向けファッション誌の多くは、大胆なイメージ転換をすることなく、ギャルブームが過ぎ去った後には姿を消し、代表的・伝説的だったものが、廃刊を惜しむかつての愛読者らの手によってウェブや季刊誌として復活したくらいであった。

　女子大生ブームや女子高生ブーム、キャバ嬢やVERY妻などある種のブームが作られてはそれが去り、ファッションのトレンドが変わっていくのは世の常である。ただ、近年はいくつもの極端化したブームにおもねらず長い期間をかけて特定の年齢層の標準装備と化していた老舗雑誌の休刊や廃刊も相次いでいる。SeventeenやJJ、Domaniなどはそれにあたるだろう。漫画雑誌や新聞などあらゆる紙媒体が煽りを受けるデジタル化の波があるのは間違いないが、漫画や新聞がデジタル化による紙媒体の縮小に直面しながらも、コンテンツとしての根強い需要と人気があり、デジタル媒体の中でも存在感を示すのに対し、ファッション誌の存在感は小さい。雑誌を買ってファッションの参考にするという若者の行動様式自体が変化したことは無視できない。

　大学などに稀に講師として呼ばれて行くと、饒舌な女子学生としばしば話をすることがあるが、30代後半の私に、彼女たちの着ている服が、ギャル系かコンサバか個性派かのどのジャンルに属するのかは言い当てられない。それでどんな雑誌を買っているかとか、どこに洋服を買いに行くのかと問いかけると、都心部では新宿ルミネなどの名前が挙がることもあるが、多くが普段着はネット通販だと答える。

特に人気なのは韓国系ファッションのネットショップで、質や到着時期にバラつきはあるものの、低価格でおしゃれな服が買えるので、慣れてしまうと都心のファッションビルなどに入るブランドの服は高く感じると言う。モデルが雑誌のファッションページのように街角などで着用例を示しているのもそういったサイトの特徴で、着こなしやコーディネートの例は雑誌を見るまでもないらしい。メルカリなどのフリマアプリを頻繁に利用しているという者も多い。それで、では百貨店などに行かないのかと聞くと、そういうわけではなく、新宿伊勢丹などの若者にも人気の百貨店でデパコス（百貨店のグランドフロアにあるランコムやＹＳＬなどのブランドの化粧品のこと）を買ったり、ごくたまに買うハイブランドの装飾品や洋服を見に行ったり、彼氏とのデートでぶらぶら入ったりすることはあるらしい。

インスタグラムなどで人気の若い女性のアカウントなどを見ると、JJやＣａｎＣａｍ

全盛期に女子大生だった私たちの世代に全く劣ることなく、むしろずっと洗練されたファッションと先鋭化した物欲に溢れているように見える。人気のブランドに多少の変化はあるが、今でもバッグや靴に海外ハイブランドを取り入れる者は多く、若者が全体的にファッションに興味がなくなったようには到底思えない。ただし、大学構内の女子学生たちは総じてそれほど派手さはなく、おそらくそのうち何人かは、大学とは違った顔を持っていて、そのときにはバレンシアガやジバンシイなど、今現在女子大生に人気のブランドを身に纏ったり、インスタグラムで気合の入ったファッションやメイクをお披露目したりするのだろう。特別な価値のあるブランド品やレア品にお金を使うことがあっても、日常的な服は安くて可愛い通販で間に合わせる。

　雑誌について聞くと、毎月必ず購読しているファッション誌がある者はほとんどおらず、かといって買ったことがないという人もほとんどいない。友人のモデルが出ているから、とか、特集に興味があるから、あるいは表紙が好きなモデルや芸能人のグラビアだったから、好きなアイコンのインタビューが載っていたからという理由で時々購入し、保存している者が多かった。ＶＯＧＵＥやＥＬＬＥなどの外資系ファッション誌を時々買うという学生もそれなりにいる。雑誌を買うという行為が、日常のルーティーンや情報の吸収ではなく、何か特別な、一つの買い物としてのみ残っている。JJが持ち運びの利便性を上げるために雑誌を一時期小型化したのが、当の読者たちから不評だったのは、その辺りに理由がありそうだ。ＣＤは一切買わないが、ジャケットがおしゃれで特別な付加価値があるならあえてレコードを買うといったところだろうか。

確かにほとんど全ての情報やエンタメを手のひらサイズのスマホで入手できる時代に紙媒体が苦境に立たされるのは合点がいくが、そのような女のコたちの行動の変化を見ていると、ファッション誌の売上低下は必ずしも紙媒体の衰退だけによるものではない。ファッション通販サイトにコーディネート例があろうが、どう考えてもバッグに入れるには重すぎる分厚い仕様であろうが、雑誌の提供する価値によって、「なりたい自分」を見つける女子たちがいる時代がかつてはあった。

若者の財布事情が厳しくなったというのも一側面であって全てではない。不況がデフォルトという時代を生きているとはいえ、女性ファッション誌全盛期はバブル崩壊後、大人たちが不景気に突入した時代にこそあったわけで、さらに若い女性の平均収入が大きく下がったわけでもなく、むしろ女性の社会進出は確実に進んでいる。堅実な雰囲気が学生たちにまで浸透しているのは確かで、ファッション誌という、学生の本分である勉学や衣食住に直結するわけでないものに割くお金が減っているというのは、一部の彼女たちには当てはまる可能性があるが、そもそも雑誌の優先順位がそこまで低下したこと自体に時代の変質があると考えるべきだろう。米ドラマ『セックス・アンド・ザ・シティ』の中で主人公のファッション大好きなライターが、「若くてお金のない頃、ディナーの代わりにＶＯＧＵＥを買っていたこともある」と話す場面があるが、その感覚をそれほど大袈裟に感じず、むしろ共感する者がかつては日本にも多くいた。

　ファッション誌の苦境と同時に、百貨店やファッションビルなども、それが若年層に向けたものであればあるほど難儀な時代に突入した。百貨店は大合併時代を経たし、若者向けファッションビルの代表格で、２０００年代まで一度も売り上げを落とすことなく人気を集めていたＳＨＩＢＵＹＡ１０９も、２０１０年代に入ると売り上げと客入りの減少に苦しみ、大幅なリニューアルを行った。ファストファッション、そしてネット通販の台頭が主な原因とされるが、街角の衰退もまた場が提供する物語の衰退が関係しているような気もする。あそこに行けば何か素敵なものに出会える、とか、あそこに行けば何か楽しいことが起きる、という求心力がなくなり、実際のショッピングはスマホで自宅にいながら楽しめばいいという者が増えた。

象徴的な雑誌や商業施設などが、素敵な人はあれを読んであそこに行ってなきゃいけないという道標的な役目を終えつつある。その道標を辿って行くうちにいつしかなりたい自分になれて、提案される幸福が手に入ると思えた拠り所がなくなり、ネットショッピングやＳＮＳで断片的な情報に触れながら自分自身を構築していく。それは個の力が重視される時代にあって重要なことのように思える。雑誌が提示するようなステレオタイプな幸福から解放され、自分にとっての唯一無二の幸福を探すということだ。しかし、それでは女性たちにそのような王道でステレオタイプな幸福への欲求、拠り所を求める気分がないのかというと、むしろ想像よりずっと色濃くこびりついている側面もある。

　実際には、上昇婚への希望が薄れたとはいえ、結婚を女の幸福の一つの帰結だと考えるJJ的、あるいはかつてのＶＥＲＹ妻的価値観がそう揺らいでいるわけではない。初婚の平均年齢は上がってはいるものの、結婚自体への欲望は健在で、その形も大きく多様化しているわけではない。制度自体が変化を拒んでいる点も大いにあるだろうが、できれば経済的余裕のある人と結婚し、金銭的な苦労なく自分のしたい仕事をしたいと思う気持ちはごく一般的であろうし、できれば可愛いとか綺麗とか魅力的だと思われたいと思う人が激減したわけでもないだろう。それはＳＮＳにアップされる写真がアプリやメイクで精一杯に魅力的であらんとする女性たちで溢れている点からも容易に想像がつく。

　ファッションもまた、個人が膨大な情報の中から自分らしさや個性、着心地などを吟味して、雑誌や特定のファッションビルに頼ることなく選んでいるこの時代にあって、女性たちの洋服はむしろジャンルの垣根なくよく似ていて、人と同じがどうしても嫌だ、というような、かつての個性派雑誌が掲げた自分らしさやアンノン系雑誌が提案した高いファッションセンスともまた別の、ニュートラルで無難な格好が増えた。画一的な幸福の規定の喪失が、個性を伸ばしたというよりも大胆さや活力の減退を招いたようにすら感じられる。そして時代の気分を牽引する雑誌の求心力がなくなったことにより、幸福や正しさの概念はむしろ通り一遍で変化に乏しく、なかったところに価値を見出すような幸福のイノベーションが起こりにくい側面もあるかもしれない。

　かつてＣａｗａｉｉ！の編集者を務めた長谷《はせ》川《がわ》晶一《しょういち》は著書の中で、Ｃａｗａｉｉ！の休刊を受けた元カリスマ店員で雑誌の表紙も飾る読者モデルでもあった森本容子のこんな言葉を引いている[2]。JJにも一時期頻繁に登場した「おしゃＰ」の彼女だ。

「最近、渋谷に元気がなくなったなぁってホントに思いますね。昔はビックリするような店員もたくさんいたし、アリかナシかは別としてヤマンバメイクとか、ピカチュウのカッコをした女の子たちもいたし、いろいろなブームを作っていたのに……。私は今、若いコたちと一緒に仕事をしているんですけど、ネットで得た情報で満足しているというのか、情報ばっかりで自分が経験した気になって何事にも醒めているコがすごく多い気がします。私たちの頃は、知りたいことがあったら、それなりに時間をかけて勉強したけど、今はそんなに苦労しないで、何でも調べられるからなのかな？」

ルッキズムに関する不都合な真実

２０２１年度、同志社女子大の大学祭で恒例となっていたミスコンが中止となった。同大の大学祭実行委員会はＳＮＳで「ミスコンは外見主義的であり時代錯誤であるという意見があり、多様性という観点からミスコンを開催しなくてもいいのではないか、という結論にいたりました」と開催中止の理由を発表している。

こうした流れは、近年顕著に見られるようになったものだ。その一年前には上智大がやはり大学祭でのミスコンを廃止した。主催者は「現状のミス・ミスターコンが孕む外見主義的な判断基準という問題や『ミス＝女性らしさ』『ミスター＝男らしさ』という性の画一的な価値観の押し付けを助長するようなコンテスト名からしても、ＬＧＢＴＱや多様性という観点から批判を受けることは然るべき」こととして「性別を意識させかねないコンテスト」廃止の経緯を説明し、代わりにスピーチや自己ＰＲを競う新たな企画を始動すると発表した。

大学としてミスコンの開催を容認しない動きもある。法政大は２０１９年に「人格を切り離したところで、都合よく規定された『女性像』に基づき、女性の評価を行うものである」とミスコンを批判する声明を出し、学内での開催を認めないとした。先進的だった例としてＩＣＵでは、ミスコンが何度か企画されては反対されて開催されなかったという歴史があり、２０１１年に再び企画されたものの、学生らが「人種的、身体的、階級的に画一的な女性の美のイメージの強化をもたらし、女性の性的対象化の道具として機能してきた歴史をもつミスコン」への反対運動を盛り上げ、結局それ以後も開催されていない。

学祭の目玉として、女性の憧れの職である女子アナの登竜門として、各大学で長く開催されていたミス・キャンパスは、その外見主義的な傾向ゆえに近年のフェミニズムやルッキズム批判との相性は頗《すこぶ》る悪く、各所で非難を浴びている。日本の大学という場で醸成された一つの文化の終焉を惜しむ声もあるが、都心部の一部主要大学のミスコンは、その注目度の高さから学生団体のイベントというレベルではない資本が入り込み、大人の金儲けの機会となっていたものも多いのは確かで、そもそも教育と研究を本分とする大学と学生がこれを現代的な価値観を理由に廃止しようというのは必然的で正当性のある流れとも言える。

ミスコンと非常に相性が良かったのが、主に外見を磨くことを中心に据えて女子大生のバイブルとして機能した赤文字系ファッション誌である。その年度のミス候補たちが集って誌面に登場することもあれば、ミス・キャンパスの素顔にフィーチャーした特集が組まれることもあった。赤文字系雑誌の読者モデルと大学のミスコンは、見た目の雰囲気から求められる態度や属性が非常に似ていて、一時期からは女子アナを頂点とした女性の就活戦争に有利な武器にもなっていた点でも親和性が高い。

ＳＮＳやネットショッピングなどが牽引した若い女性たちの行動の変容に加えて、この新しい時代の価値観がファッション誌にとって向かい風になったのは間違いない。究極的にはファッション誌そのものが、何かしらの美を追求するために資本主義的な意味での投資を促すわけだから、外見主義的にならざるを得ないわけで、外見に重きを置くこと自体が否とされるのであれば、ファッション誌など読まないことが正解となってしまうからだ。特に、先進的なファッション哲学の追求よりも、人に好かれること、特に恋愛相手の男性たちに好かれることを念頭に、一般的な意味での女性らしさに重きを置いてきた赤文字系雑誌は、性別役割の助長と捉えられかねない。そもそも結婚を幸福の一つの帰結と考えていたJJの思想はもとをただせば、性的対象であることを引き受けており、「外見主義的で時代錯誤」ではあるのだ。

一方、実際に女性たちがルッキズムから脱却したかというとそうでもないと思わせる側面も大いにある。画像や動画を中心としたＳＮＳであるインスタグラムやＴｉｋＴｏｋなどで、容姿の重要度は一部ではむしろ増している。かつてはせいぜい現実をなるべく美しい形で残すものであった写真が、むしろ現実を凌駕するほど若い女性たちの生活を取り囲み、そもそも写真を撮る機会もスマホのカメラによって劇的に増えた。多様性が叫ばれる中、あらゆる新型の加工アプリがリリースされ、肌の色も目の大きさも顔の造形も均質化している場面は大いにある。脚の細さまで加工され、ＳＮＳの顔写真はどれも目が大きく、顔がやや白く、輪郭がシャープに加工されたものばかりだ。

ＳＮＳと写真加工に加えて、「整形」の経験者も増えた。技術の進化や安全性の向上に加えて、整形先進国である韓国のアイドルやモデルの人気が出たことにより、韓国へ整形旅に出かける女性も多く、ファッションやメイクの一環としての二重《ふたえ》形成やフィラー注入といったプチ整形から、輪郭や鼻の形成など本格的にメスを入れる整形まで選択肢に入れる女性は多い。整形手術などで目指す「理想の顔」も特に多様性に富んでいるわけではなく、個性を生かすというよりは、アプリで加工された個性のない顔に近づけるような例が多い。ギャルが流行したとき、大人たちが若い女性を見てはみんな同じような顔で同じような格好をしている、と批判したものだが、当時の顔を今から振り返るとメイク技術や写真・整形の技術が高くないがゆえに、特に意図しないまでの個性が滲み出ていたが、今は全ての技術が洗練されたがゆえに、韓流アイドルグループなどほぼ判別不可能なほどみんなが等しく可愛い。

つまり、建前上はルッキズムが批判され、画一的な女性らしさの押し付けを否定し、多様性を謳うことが正しいとされているのは間違いないが、個人の判断というレベルではモテたい／可愛いって思われたい／綺麗になりたい／女性らしくありたい、という本音が消滅したわけではなく、むしろ一部ではそれが極端化して表出するという複雑な時代だと言える。大学やテレビＣＭ、公共の場のポスターなどで女性を性的対象としたり、画一的な外見を押し付けたりすることは極端に嫌われ、時に反対署名や批判活動が勃発するが、個人の日常生活はむしろ以前より洗練された形で美にこだわり、自分の外見イメージにこだわり、ＳＮＳのいいね！の数など他人の評価にもこだわる。

そう考えると、ファッション誌がルッキズム批判の流れによって潰されたと考えるのは短絡的だろう。本当に外見主義的な価値観が崩れているのであれば整形も加工アプリもインスタも廃れるはずなのだ。巧妙な建前と本音の間で生きる女性たちのその複雑さに目を向ければ、ファッションや美容への欲望はむしろより先鋭化された形で残されていると考えられる。

欲望と正しさの狭間に

JJはこの章の最初に取り上げた２０１９年の大胆なインタビュー、ストリートスナップに象徴的なように、愚直に多様化の時代に応えようとした。それは、結婚神話を担った代名詞としての雑誌の名前ゆえに、最も時代にその価値観を糾弾《きゅうだん》されやすく、「昔のJJ的価値観」同様に使い古した過去の産物のような扱われ方をされやすい老舗赤文字系雑誌の宿命であったのかもしれない。

結果、女性たちの中にある、未だ消えていない「昔のJJ的価値観」やそれに準ずる欲望を置き去りにしたまま、メディアで語られる新しい時代の価値観や現代的な正しさの方を生真面目に取り入れることになり、そのせいで、自分らしさが一番、ファッション誌の規定するような生き方に捉われるのはよくない、という自己否定のような価値観を取り込まざるを得なくなった。美容やファッションにこだわることが何か生き方の拠り所として機能するとして、幸福になるための手段として外見を磨くことを推奨してきたファッション誌が、その新時代の価値観との矛盾を解消するための無理ゲーのような答えを見出すことは困難で、その矛盾の中で試行錯誤しながら苦しんだ軌跡を私たちは見て取ることができる。

JJ休刊のニュースが日本を騒がせたとき、上昇婚によるステップアップを目指す「時代錯誤的な」価値観が淘汰されたという印象を持った人は多いのではないだろうか。結婚神話の終焉、専業主婦願望の消滅、古臭い女性像の淘汰と一部には映ったであろうJJの終幕はしかし、前出のような誌面の変遷を追ってみると、必ずしもそうではない。JJの価値観が絶対的なものではなくなり、むしろ建前上の正しさから遠ざかったのは事実だが、その古い価値観を守ろうとしたから終わったのではなく、新しい価値観を生真面目に取り入れたことによって終わったようにすら見える。建前上の正しさにアップデートせざるを得ない事情の中、最も愚直にそれを守ったがゆえに雑誌のコンセプトは揺らぎ、読者がJJに期待するものからは遠ざかっていった。

　結婚願望がなくなったわけでは全くなく、また本音レベルの外見偏重は大きい。かといってそれを絶対的な価値観としているわけではなく、多様性や性的役割の解消も完全な建前で終わるわけではない。簡単に言えば今の女性にとっては多様性も大事だし、従来的な意味での幸福も大事なのだ。女性という枠組みにとらわれない活躍もしたいし、女性として愛されることも捨てがたい。尊敬もされたいし、可愛いとも思われたい。自分らしさを大切に生きていくつもりだが、他人からの視線も気になる。高度に分裂しながらアンビバレントな方向に突き進む女性たちの正しさと欲望にうまく寄り添うメディアは未だ少ない。

　JJの勢いがやや弱まった後でも依然として人気を誇り、多くの流行語を作り出したＶＥＲＹもまた時代的な正しさの行方に翻弄されながら苦戦を強いられている。かつては結婚したら妻であり母でしかなく、主婦向けの雑誌と言えばもっぱら料理や裁縫や節約などの生活情報の印象が強かったところに、かつてJJなどで磨いた美しさや華やかさを持ち続けながら夫をサポートするＶＥＲＹ妻たちを輩出した同誌だが、それこそその強いイメージがあるからこそ、フェミニズムや多様性の視点を積極的に取り入れ、政治トピックなどにも意欲的に取り組んだ。まさしく生真面目なアップデートをした雑誌の一つだが、やや求心力が衰えているとすれば、今でも本音レベルの欲望には健在の「かつてのＶＥＲＹ妻の姿」を潔く捨て去ってしまったからこそなのかもしれない。

公的な場で求められる建前上の正しさに目くばせしながら、女性の本音レベルの欲望を満足させるのはそもそも難しく、美ＳＴの比較的正しさよりも女性の欲望の部分に重きを置いて本音に応える姿勢は、時にＳＮＳなどを中心に批判が浴びせられることもある。「イエベ」「ブルベ」など肌の色のカラーベースを扱った２０１９年5月号の記事では、肌の色による対立を煽ったとして批判が相次ぎ、編集部が公式な謝罪を出した。同じく美容雑誌であるＶｏＣＥも２０１７年にオフィシャルサイトに「男は普通の27歳と美人の33歳、どっちと付き合いたい?」という見出しの記事を掲載、男性目線での女性の値踏みを肯定すると批判され、１日で削除した。どちらもカフェでの気心の知れた女友達同士の会話で出てきそうな話ではあるが、メディアが堂々と発表するのはＮＧという大衆の判断が下された形だ。

女性たちだって複雑で困難な生き方を余儀なくされているのだ。正しくあろうとするのも別に嘘じゃないし、でも正しさとは相反する欲望があっても全く不思議ではない。そもそも「こうすべき」と「こうしたい」は必ずしも一致するものではなく、時には真逆の方を向いているのであって、そのどちらに注力してどちらに重きを置くかで、メディアの発信する内容は変わってくるだろうし、どちらに重きを置いても、逆の立場から批判は起こり得る。

一つファッション誌の不幸を言えば、「正しく」「現代的で」「力のある」女性を目指そうとする若い女のコたちにとって、「ファッション誌に踊らされる」ことそれ自体が過度にネガティブな印象を持ってしまったことはあるのだろうと思う。インスタグラムなどで自分のファッションを発信し、(ファッション誌に指図されるのではなく)「自分で選ぶ」ことを重視するような発言をする者であっても、その姿はまた別のインスタグラムと酷似していることはよくある。何かを参照したり、同時代に生きる女性と共通点を持ったり、他の素敵な女性たちと「同じように」素敵になること自体が否定されているわけではないが、「自分で選ぶ力のある女性は雑誌コピーに踊らされない」と過度に信じ込まされている側面がないとは言えないだろう。それは、彼女たちがそこから脱却せんとした、旧時代の女性たち、未だ男性依存的で自分で選ぶ力に欠けた女性たちの象徴的な行動として、フアッション誌の流行を追うというものがあったからなのかもしれない。

それは雑誌に読者の欲望を見抜いてそれに従う機能があると同時に、編集者たち、いわば編集長の欲望を色濃く反映するものでもある、という側面とも無関係ではない。男性に選ばれたい女性たちが、男性編集長の欲望を反映した雑誌の価値観に則《のっと》るのは構造としては理にかなっている。男性に選ばれる幸福では飽き足らなくなった女性たちが、年代の近い女性編集長の欲望に自分の欲望を重ねるのもまた、必然的だ。そして編集長の欲望と女性たちの欲望が対になったり重なったりした瞬間、雑誌は花火のような盛り上がりを見せる。

それでは、それぞれが自分の価値観で生きる、と強く自負するようになった女性たちは、誰かの欲望を反映したメディアを、信じるに足る価値観として認識するだろうか。編集長の欲望が透けて見える雑誌に愚直に応えたり、まるっきり自分を重ねたりする行為をよしとするだろうか。これもまた、雑誌というメディアが応じるのが非常に難しい新しい女性たちの姿である。

ただただ無批判に欲望と向き合えば社会的な批判は避けられないだけでなく過度に商業主義的になるだろうし、ただただ正しさに追従するのであればもはやファッション誌など要らず道徳の教科書を読んでいればいいことになる。女性の感じているアンビバレンスに、メディアも直面しながら今後も格闘していくことになるのだろう。

途中まで男性編集長のもと、男性目線で魅力的な女性像を作り上げてきたJJが変わっていくこと、あるいはもしかしたら終わりゆくことは時代の必然だったという側面はあるのかもしれない。ただし、そんな時代に嫌われそうな価値観であっても、長く女性たちが支持していたという事実は変わらず、それが全て「男社会に適応せざるを得ないから仕方なく」「男に選ばれる以外に生き延びる手段がないから渋々と」していた選択だとは思えない。そしてそれを手に取った欲望が時代に洗浄される形で全て消え去ったわけでもない。時代で移ろう「正しさ」や流行に大いに影響を受けながら、押し付けられているのか選び取っているのかよくわからない価値観と掴み取ろうとする幸福の形を追い求める女性たちの揺らぎは今後も健在であるに違いない。トレンディドラマであったり、ファッション誌であったり、ＳＮＳであったり、何か魅力的なものに惹かれながらその価値観を取り入れて、生きていく拠り所としてきた女性たちの逞しさと頼りなさと大変さは形を変えながら今後も色々なところに流行や文化を作っていくのではないか、と楽しみな気持ちでいる。

１・山本由樹『「欲望」のマーケティング』ディスカヴァー・トゥエンティワン、２０１２年

２・長谷川晶一『ギャルと「僕ら」の20年史』亜紀書房、２０１５年

あとがき――分厚い雑誌に綴じ込まれた青春

時々、実家の本棚を整理していると、学生時代に雑誌から切り離したページがバラバラッと数枚出てくることがある。本やアルバムに挟まって折れていたり、すでに端が変色したりしているが、切り離したこと自体は忘れていても、実際に見るとなんとなく見覚えがあって、ものによってはどうしてそこだけ切り抜いて持っていたのかまでよく覚えている。高校時代はギャル雑誌、大学に入る頃には赤文字系雑誌と変わって、装いの雰囲気は違うけれど、いつも雑誌の「使い方」は一緒だった。この化粧品の品番を覚えておきたかったのだろうとか、Vネックのニットとスカーフの合わせ方を真似しようと思ったはずだとか、このモデルのバッグや私物の雰囲気が好きだったとか、そんなことを思い出しながら1ページずつ見返していると大抵日が暮れて、本棚の整理は進まずに終わる。

大学に入る直前、JJ誌面で流行色であるグレーのコーディネートの特集が組まれていて、大学入学に備えた服をほとんどグレーで揃えた。二回目の大学4年生のとき、泊まりに来ていた二つ年下の友人と明け方に部屋でCLASSY.を読んで、プッチの細長いタイ型のスカーフとアルマーニの新作の腕時計に二人して一目惚れして、少し寝てから銀座まで買いに行った。当時の私たちにとって、雑誌のコーディネートをそっくりそのまま真似するのは経済的にも体型的にもハードルが高かったけど、ちょっとずつどうしても欲しいアイテムだけでも揃えていけば、そのうち雑誌のモデルと似たような雰囲気が身に纏えると信じていた。

私自身、随分と色々な雑誌に育ててもらったと思う。服や化粧品もたくさん買ったけど、雑誌も毎月何冊も買った。あんなに重たかったのに途中のコンビニで買ってバッグに入れたまま大学に行くこともあった。講義がつまらないと、バッグの中の雑誌のページを一枚ずつめくりながら、次は何を買おうとか、どういう雰囲気を身につけようとか考えていれば時間はすぐに過ぎ去った。JJもＣａｎＣａｍも読んでいたけど、結局私はJJが提案するような一人の男性に愛されて家庭を築くような人生も、色々な人にちょっとずつモテて誰にも嫌われないＣａｎＣａｍ女子な人生も送ることはなかった。それでも、それらが提供してくれる世界観で、自分の数年後の生き様が豊かな具体的イメージを伴っていたことはいくらでもある。

私は自分なりの個性的なファッションを考えるようなセンスも、まして自分で服をデザインするような才能も全くなくて、自分に似合う服は未だに確信がないくらいだし、今年の流行色もいまいちよく知らない。メイクもネイルも毎日の服選びも、昔はそれなりに高いテンションで挑んでいた気がするけど、最近は惰性《だせい》になりがちで、そもそもそんなに強いこだわりはない。私にとってファッションは長らく、雑誌を買うことに付随してくる嗜《たしな》みの一つという感じだった気がする。流行色を取り入れて今年風の着こなしをどうしてもしたいというわけじゃない。でも、雑誌のグラビアのような生活は送りたかったし、その雑誌の読者として恥ずかしくない程度の服を選んできた。

この本を書き始めてから、部屋の本棚の前に資料用の昔のJJを沢山積んでいた。遊びにくる、私の本棚には普段はそれほど興味を示さない友人たちが、最近は必ず自分たち世代が読んでいた９０年代やゼロ年代初頭のJJを長いときは数時間も見てあれこれ言ってくるようになった。この号買ったの覚えてるとか、このモデル好きだったとか、このバッグ持ってるとか、そう言えば40代のＣＡの友人は、９０年代初めの頃のJJがよく組んでいたＣＡの私物バッグなどを紹介するコーナーをくまなくチェックして、どこどこ社の先輩を発見した！　とか、この航空会社最近潰れた！　とか言っていた。私の友人の多くがJJの打ち出した上昇婚なんてできていない独身だし、別にものすごくおしゃれに気を使っているとか、メイク関係の仕事をしているとかいうわけでもないのだけど、それぞれが雑誌に並々ならぬ思い出と思い入れがあるようで、一冊あるだけで話に花が咲く。

　そして休刊間近のJJを見て、「うわー、こんなだったんだ?」とか「なんかJJじゃないみたいだね」とか「表紙見ないと何の雑誌かわかんないかも……」とか辛辣《しんらつ》なことを言う。それは半分は事実で、もう半分は私たちがすっかりJJを読む年齢から遠ざかってしまってファッション感覚も記憶も曖昧に鈍っているからでもあるだろう。私たちも歳をとったし、雑誌も歳をとったのか、９０年代に放っていたギラギラした無敵感は少し控えめになって、無害で上品で現実的な誌面は、むしろ私たちより「お嫁さん」に向いているんじゃないかとすら思う。「あのときのJJってお嫁さんを目指す雑誌のはずだけど、こんな金かかってプライド高そうで派手な女ってそんなに嫁に欲しくないよね」と友人と笑いあった。

実際に高級ブランドで固めて、居住地や大学名を強いプライドとともに掲げて、私っていい女と言わんばかりのポーズをとっていた姿が、本当に結婚への近道だったかどうかは今振り返れば微妙に疑問が残る。そういう意味でそこに繰り広げられていたのは良質なファンタジーでもあった。どんな女がいい女かなんて私たちそれぞれが考え導き出すには壮大だったから、男性編集者のもとで育てられたファンタジーであっても、それが超魅力的な姿をしていれば十分説得力があった。それは結婚への説得力というより、身を任せるに足る説得力だった。結婚を夢見る気持ちが多少あっても、実際には一人に素敵だよと言ってもらうだけでは物足りなくて、仕事をしようとは思っているけど、実際には充実したプロジェクトを成功させるだけでは物足りなくて、私たちはいい女になりたかった。その姿は雑誌が具体的に教えてくれるものだった。

雑誌不況と言われ続けて、確かにこんなに情報と個人的な価値観が溢れる時代に、何か一つのいい女哲学を押し通すのには無理があって、生き方の提案なんてそう簡単にはできない。そもそもコンテンツの選択肢があまりに多様にある時代に、お金を払って雑誌の夢を買おうという稀有《けう》な若者が減っているのは納得できるし、社会も女性も成熟して、そう単純なファンタジーでは売り物にならなくなったかもしれない。クレームや炎上が日常茶飯事の中で、何か価値観を示すというのは難しいから、ファッション誌であってもどこか少し政治的で、全方位に気を遣ったような誌面は多い。

　かつての雑誌はもっと押し付けがましくて、もっと断定的で、もっと単眼的で、そしてその分強烈な光を放っていたのだけど、それが私たちを狭苦しい価値観に閉じ込めたかというとそうでもないと私は思う。むしろ私の狭い価値観では行けない場所に連れて行ってくれたし、私たち個人個人は、雑誌だけに閉じ込められるほど閉塞的な空間に生きていたわけじゃない。それに私たちは、自分たちで右も左も全て判断して、個人の価値観をそれぞれがゼロから作り上げられるほど、大層な存在でもない気がするのだ。ただちょっと自立した、ちょっと自尊心もある、ちょっとした考えを持つ、夢見がちで欲張りで、自分を多少は魅力的だと信じたい、普通の女のコだった。

本書の執筆にあたり、切り口の提案から資料の提供まで一手に引き受けてくれて、あらゆる面でサポートしてくれて、遅い原稿を割と爽やかな笑顔で待ってくれて、他の仕事の相談にも乗ってくれた光文社の田頭晃さんに心からの感謝と愛と尊敬の念を送ります。雑誌を作ってきた彼の経験なくして、ただの一読者だった私がこういった本を書くのは到底不可能でした。

JJの時代を築いてきた編集者さんたちやモデルさんたち、毎月発売日を待って雑誌を買いに行き、そこに載っている幾ばくかの夢を共有した各世代の読者さんたちに、ちょっとした同志っぽい気持ちと愛を送ります。願わくばこれからも豊かな雑誌文化が、女のコたちとともにありますように。

鈴木涼美

鈴木涼美（すずきすずみ）

1983年東京都生まれ、のちに鎌倉に育つ。清泉小学校、清泉女学院中学校を経て、明治学院高等学校に入学。放課後は渋谷でギャルとして楽しく遊ぶ毎日を送る。自宅の近所だったため、大学は慶應義塾大学環境情報学部に入学。卒業後は東京大学大学院学際情報学府修士課程を修了し、日本経済新聞社に入社。JJ的な経歴をなぞったり外れたりして現在は作家に。著書に、『「AV女優」の社会学　なぜ彼女たちは饒舌に自らを語るのか』（青土社）、『ニッポンのおじさん』（KADOKAWA）、『すべてを手に入れたってしあわせなわけじゃない』（マガジンハウス）ほか、上野千鶴子氏との共著に『往復書簡　限界から始まる』（幻冬舎）。

JJとその時代《じだい》　女《おんな》のコは雑誌《ざっし》に何《なに》を夢見《ゆめみ》たのか

2021年12月30日初版1刷発行

著　者 ― 鈴木涼美
発行者 ― 田邉浩司
装　幀 ― アラン・チャン
印刷所 ― 堀内印刷
製本所 ― ナショナル製本
発行所 ― 株式会社光文社
東京都文京区音羽1-16-6（〒112-8011）
https://www.kobunsha.com/
電　話 ― 編集部03（5395）8289　書籍販売部03（5395）8116
業務部03（5395）8125
メール ― sinsyo@kobunsha.com

　ISBN 978-4-334-04583-8

1161
名画の生まれるとき
美術の力Ⅱ
宮下規久朗

人間にとって必要不可欠な「美術の力」とは？ 「名画の中の名画」から「美術鑑賞と美術館」「描かれたモチーフ」「信仰と政治」「死と鎮魂」まで。美術史家と読む、美術の本質に迫る55話。

978-4-334-04568-5

1162
野蛮な大学論
酒井敏

大学人よ、学問の本道に戻って野蛮さを取り戻せ！ 「京大変人講座」主宰の京大名物教授が、大学、アカデミズム、教養の本質をズバリ指摘する。豊かな社会のための大学改革論。

978-4-334-04569-2

1163
「問い」から始まる哲学入門
景山洋平

2600年にわたる哲学者の語りあい。そこでは何が問われたのか。なぜ「問い」続けてきたのか——。「問い」の歴史とその意味を知る、不確かな世界を生き抜くための哲学入門。

978-4-334-04570-8

1164
物理学者、SF映画にハマる
「時間」と「宇宙」を巡る考察
高水裕一

フィクションが未来の科学を導く!? タイムトラベルから星間飛行まで、物理学者とともに探る一度は夢見たSF世界の可能性。科学の目で見直せば、SF映画はもっと楽しくなる！

978-4-334-04571-5

1165
くじ引き民主主義
政治にイノヴェーションを起こす
吉田徹

民主主義＝選挙ではない。選挙によらない民主主義の形態を歴史的に振り返りつつ、政治参加のための「くじ引き」の可能性を示す。傷ついた民主主義をアップデートする希望の書。

978-4-334-04572-2

1166

なぜ中学受験するのか？

おおたとしまさ

やり方次第で「良薬」にも「毒」にもなるのが中学受験。気鋭の教育ジャーナリストが膨大な取材経験と古今東西の文献から導き出した、中学受験の是非論へのファイナルアンサー。

978-4-334-04573-9

1167

毛

生命と進化の立役者

稲葉一男

えっ!? 脳の中の毛？ ウイルスから守る毛？ CO_2で止まる毛？「細胞の毛」研究三〇年のスペシャリストが、生き物や自然、そして私たちの命を支える驚くべきミクロの世界を綴る。

978-4-334-04574-6

1168

肥満・糖尿病の人はなぜ新型コロナに弱いのか

「糖質過剰」症候群Ⅱ

清水泰行

新型コロナのパンデミックや病状悪化の要因となると考えられる糖質の過剰摂取。本書では糖質過剰が新型コロナだけでなく数多《あまた》の疾患の原因となる理由を、最新研究を交え伝える。

978-4-334-04575-3

1169

人生を変えた韓国ドラマ 2016～2021

藤脇邦夫

「愛の不時着」「梨泰院《イテウォン》クラス」「賢い医師生活」「イカゲーム」など世界を席巻するKコンテンツの一つとなった韓国ドラマ。その深い魅力を傑作80選とともに徹底解説！

978-4-334-04576-0

1170

不登校・ひきこもり急増

コロナショックの支援の現場から

杉浦孝宣＋
ＮＰＯ法人高卒支援会

コロナ禍で不登校・ひきこもりの子どもたちは増えただけでなく、可視化されづらくなった。リアルとオンラインを駆使することで前よりもパワーアップした支援現場の知見を学ぶ。

978-4-334-04577-7

光文社新書

1171
保健所の「コロナ戦記」TOKYO2020-2021
関なおみ

'20～'21年にかけ、保健所と都庁の感染症対策部門の課長としてコロナ対策の第一線で指揮を執り続けた公衆衛生医師の記録。国立国際医療研究センター・大曲貴夫氏との対談も収録。

978-4-334-04578-4

1172
火星の歩き方
臼井寛裕　野口里奈　庄司大悟

気球でまわる火星一周の旅から、標高2万m超のオリンポス登山、自然の造形美あふれる極地ツアーまで。3人の研究者による、火星の魅力がとことん詰まったガイドブックの決定版！

978-4-334-04580-7

1173
JJとその時代
女のコは雑誌に何を夢見たのか
鈴木涼美

JJに象徴される雑誌は、なぜ多くの女性の心をとらえたのか。単なるファッション情報だけではない、女性が託したもの、夢見たものとは何か。雑誌の時代への限りない愛着をこめた挽歌。

978-4-334-04583-8

1174
〈問い〉から始めるアート思考
吉井仁実

「問い」は「答え」より大きな力を持つ。生きることは「問い」の模索である――。「目に見えないものを見る」には？　アートディレクターと考える、アイデア＆イノベーションの育み方。

978-4-334-04581-4

1175
オリックスはなぜ優勝できたのか
苦闘と変革の25年
喜瀬雅則

下馬評を大きく覆し、2年連続最下位からのペナント制覇は、いかに成し遂げられたのか？　逆に、なぜかくも長き暗黒時代が続いたのか？　元番記者が豊富な取材で綴る。

978-4-334-04582-1